LE JUIF
SELON LE TALMUD

AUGUSTE ROHLING

LE JUIF
SELON LE TALMUD

ÉDITION FRANÇAISE
CONSIDÉRABLEMENT AUGMENTÉE
PAR A. PONTIGNY

*Préface d'*ÉDOUARD DRUMONT

TROISIÈME ÉDITION

1ᵉʳ & 2ᵐᵉ ÉDITION
1889
PARIS

Nouvelle Librairie Parisienne
Albert Savine, Éditeur
12, rue des pyramides, 12
1ᵉʳ ÉDITION. Imprimerie de J. Mazeyrie
2ᵐᵉ ÉDITION. Évreux, Imprimerie de Ch. Hérissey

3ᴹᴱ ÉDITION
S&B 2021

ÉDITION ORIGINALE NON CENSURÉE

Exegi monumentum ære perennius
Un Serviteur Inutile, parmi les autres

Scan, ORC, mise en page
16 Mars 2021
Baglis
Pour la Librairie Excommuniée Numérique des **CU**rieux de Lire les **US**uels

PRÉFACE

Mon cher confrère,

Vous avez eu une idée excellente en publiant une traduction nouvelle du célèbre ouvrage du Dr Rohling : *Le Juif selon le Talmud*.

Aucun doute ne peut cette fois subsister sur l'authenticité des textes cités par l'auteur et les Juifs eux-mêmes ont renoncé, je crois, à épiloguer à ce sujet. Nous avons donc devant nous un document d'un prix inestimable qui nous permet de pénétrer en quelque façon dans l'âme même, ou plutôt dans le cerveau du Juif, de savoir exactement les sentiments qu'il éprouve vis-à-vis de nous, de connaître la conception qu'il a de toute chose au point de vue social, comme au point de vue moral.

Pour tout esprit capable de réflexion cette étude éclaire d'une lumière éclatante les obscurités de l'époque actuelle, elle explique ce qui semblait incertain et confus, elle montre la logique secrète de faits que nous avions peine à comprendre.

« Toutes les révolutions, a dit très justement Proudhon, sont des révolutions théologiques. » La crise générale au milieu de laquelle se débat le monde en ce moment se résume en un mot : la revanche du Talmud sur l'Évangile. Les grandes phrases sur la philosophie, les droits de l'homme, la régénération de l'humanité qui, pendant les premières années de ce siècle, ont servi au Juif comme de paravent pour opérer à son aise, ne trompent plus personne ; c'est un vieux décor de papier qui se déchire et s'en va en lambeaux...

Le Juif apparaît en maître ; il ne prend plus même la peine de dissimuler cette maîtrise ; il tient tous les peuples par la finance, il modifie selon les intérêts de ses syndicats les lois du travail ; il a acheté tous les hommes d'État qui étaient à vendre et éloigné de tout emploi ceux qu'il ne pouvait corrompre. Il est omniprésent et omnipotent partout où il est présent, si puissant qu'on n'ose même plus l'attaquer... Vous vous souvenez de l'émotion qui saisit cette Chambre servile lorsque Laur eut le courage de désigner le chef des accapareurs par son nom et de flétrir publiquement Rothschild. Tous ces prétendus hommes libres qui outragent perpétuellement tout ce qui est digne de respect, tout ce qui représente la foi, l'idéal, le dévouement : le Christ, le Pape, les prêtres, les Sœurs de Charité, avaient des frissonnements de valets pris en faute à la pensée qu'on se permît d'attaquer un banquier de Francfort qui pour eux revêt un caractère sacro-saint.

Il y a quelques années les attentifs et les observateurs se rendaient seuls compte de cette situation. Aujourd'hui la foule a fini par être convaincue. Sûr de la complicité de ceux qui gouvernent Israël fait maintenant ses coups en plein midi ; un jour il ruine, il saccage de fond en comble, un établissement financier qui était le second établissement national après la Banque de France ; quelques mois après le Juif allemand mandataire de M. de Bismarck annonce tranquillement son intention de faire fermer l'usine Cail qui a l'audace de fabriquer des canons français et qui gêne ainsi l'usine Krupp.

Les rôles sont bien distribués : À l'heure où la guerre semble inévitable dans un délai plus ou moins rapproché l'un s'attaque à nos banques, l'autre s'en prend à nos usines ; le premier nous enlève l'argent pour entrer en campagne, le second nous empêche d'avoir des canons et l'aristocratie s'écrie : « Ils sont bien charmants tous les deux car ils donnent des *garden partys*... »

Quand on a un maître et surtout quand on désire s'en débarrasser, il importe avant tout de le connaître, de savoir au juste ce qu'il a dans la tête. C'est ce que le livre de Rohling a permis aux Allemands de faire, c'est ce que votre traduction nous permettra de faire de notre côté.

Ce qui domine chez ces êtres c'est la haine et le mépris du *goy*, la conviction que tout est légitime contre le *goy*, l'étranger, le non-Juif « la semence de bétail », la certitude aussi que le Juif appartient à une race privilégiée destinée à réduire tous les autres peuples en servage, à les faire travailler pour Israël.

Contre ce *goy* qui n'est pas même un homme tous le moyens sont bons ; le serment lorsqu'il s'agit de lui n'engage pas ; il est du devoir de tout Juif lorsqu'il siège dans un tribunal d'employer tous les artifices et tous les mensonges pour faire condamner ce *goy*, alors même que ce malheureux aurait cent fois le droit pour lui.

Ainsi armé, investi d'une sorte de mission, libéré par les prescriptions mêmes de sa religion de tout scrupule gênant, le Juif s'élance à la conquête des capitaux ; il est le boursier triomphant, le journaliste influent, il est Eugène Mayer, Arthur Meyer, Jacques Meyer, Allmayer ; il est l'Omni-Meyer et l'on en est arrivé à ne plus pouvoir toucher une question sans trouver un Meyer dessous...

— Le Talmud ? mais nous ne savons pas ce que c'est ? Nous n'en avons pas lu dix pages ! vous répondront les Juifs de la Bourse, du boulevard et des courses. Ils disent vrai pour une fois dans leur vie. Le temps est passé où dans ces intérieurs mystérieux que certains artistes aiment à nous peindre un Juif à tête de patriarche discutait avec ses petits enfants la question de savoir s'il fallait avant l'égorgement des animaux retirer les phylactères du bras comme le veut R. Yossé bar R. Boun ou les phylactères de la tête comme le recommande Yossé bar Nahorai. Elle est loin aussi l'époque où, comme le raconte Henri Heine, on se réunissait après un *Sioum*, un traité du Talmud lu en commun, pour dîner ensemble et manger des pâtisseries orthodoxes.

Quel besoin les Juifs d'aujourd'hui auraient-ils d'étudier le Talmud ? Il est imprimé dans leur cerveau par la loi de l'hérédité, il est l'héritage mental légué par d'innombrables générations qui ont pâli sur ses préceptes, qui se sont assimilés ses doctrines. Les Juifs en sont pétris, saturés de ce Talmud : ils lui doivent non seulement cette idée d'une supériorité sur nous qui les rend si forts, mais encore cette admirable subtilité, cette absence complète de tout sens moral, de toute notion du Bien et du Mal qui désarme presque, tant elle est native et spontanée chez l'Hébreu.

Sont-ils assez Talmudistes ces deux boulevardiers dont le nom a retenti partout la semaine dernière ? Comme ces deux modernes sont les vrais descendants de gens qui ont médité pendant des siècles, toutes les roueries et toutes les arguties du Schulchan-Aruch ? Comme ils savent se servir du papier ? Comme on devine que le document, avant d'être livré, sera proposé encore une dizaine de fois à Bismarck, au sultan de Constantinople, à l'empereur du Maroc, au souverain du Congo, et que la négociation enrichira tour à tour les Juifs de tous les pays qui s'occuperont de cette affaire et mettront à contribution, pour la mener à bonne fin, les fonds secrets de tous les peuples ! Ce sera le pendant du Pentateuque que Saphira prétendait être contemporain de la stèle du roi Mesa et dater de 2,000 ans avant l'ère chrétienne et que le Britisch museum allait payer un million, lorsqu'il s'aperçut que c'était un rouleau de synagogue noirci avec de l'huile d'olive et du cirage.

S'aiment-ils assez les deux Tosaphistes de Tortoni ! Sont-ils assez complètement unis par l'affinité de race et les liens du Kahal ! Comme l'ancien secrétaire de Marcère est d'accord avec le défenseur du trône et de l'autel ! Quelle admiration Jacques a pour Arthur et quelle tendresse Arthur a pour Jacques ! Comme on sent qu'ils ont travaillé ensemble pour fourrer le *goy* dedans ! Comme Jacques parle avec émotion de l'ancien ami que « le souvenir d'étroites relations d'affaires et d'une familiarité quotidienne ne lui a pas permis de trop brusquer ! » Avec quel soin Arthur constate devant le reporter du *Matin* tous les services que Jacques lui a rendus « avant son malheur » ! Voler l'argent d'autrui, cela s'appellerait, pour vous comme pour moi, commettre une ignoble escroquerie et nous attirerait le mépris général. Pour les Juifs c'est simplement « avoir eu un malheur », c'est-à-dire avoir été pris.

Remarquez, d'ailleurs, comme tous ces gens-là sortent dignement de tous ces ennuis passagers. J'ai vu juger des vagabonds comme celui qui avait volé un potiron dans un champ et l'avait dévoré tout cru, tant il avait faim, le président les traitait absolument comme des chiens et le municipal avait le cabriolet tout préparé pour les attacher au sortir de l'audience. Pour un misérable comme Jacques Meyer qui a volé, non par nécessité, mais pour avoir une garçonnière de cinquante mille francs et pour entretenir des filles, le président est plein de déférence et il se hâte de dire : « Nous rendons tous hommage à votre loyauté. »

Il en est de même pour l'autre Gaspard. Nous avons tous connu des malheureux qui par entraînement, dans un moment de vertige, avaient commis quelque peccadille, avaient eu une histoire de jeu mal éclaircie et qui portaient le poids de cette faute toute leur vie. Allez donc parler de ces pauvres diables aux gens de la Droite, vous verrez ce que c'est que des gens qui ont le sentiment de l'honneur. « L'honneur... monsieur... » En revanche ils admettent à leur table, ils font asseoir près de leur fils, le drôle qui, affolé par la peur, a frappé un adversaire par trahison.

Avouez, cependant, que celui qui triche en jetant sur le tapis un roi un peu contestable est plus excusable que l'homme qui triche sur le terrain pour essayer d'assassiner son semblable...

C'est ce que la Gauche, du reste, aurait dû dire au comte de Maillé lorsqu'il est venu prendre à la tribune l'attitude d'un gentilhomme indigné et affirmer que la droite était absolument hors de cause dans ces malpropres commerces entre Youddis.

— Comment prétendez-vous n'être responsables de rien, alors qu'Arthur Meyer est le porte-parole, le confident de votre prince, alors qu'on le fait venir à Scheen House toutes les fois qu'il est question de prendre une résolution importante, alors que le *Gaulois* est le journal attitré du parti royaliste. Vous êtes des farceurs...

Tout ceci, encore une fois, n'est qu'une conséquence de l'éducation du Talmud et la meilleure preuve c'est qu'on ne voit de pareilles mœurs introduites dans la politique que depuis que les Juifs sont les maîtres en France.

Votre excellente traduction du résumé substantiel et précis du Dr Rohling aidera tous ceux que ces questions intéressent à dégager le principe moteur qui guide les Juifs, qui les rend si malfaisants et si funestes, sans que parfois on puisse leur attribuer complètement la responsabilité individuelle du mal qu'ils accomplissent avec une sorte d'inconscience souriante.

Vous m'avez demandé d'expliquer ceci à vos lecteurs, mon cher confrère, et je souscris bien volontiers à votre désir, car ce que vous faites est bien et digne d'être encouragé. Vous êtes entré un des premiers dans ce groupe d'esprits réfléchis, de patriotes désintéressés qui, sans ambition personnelle, s'efforcent d'avertir ce malheureux pays et de lui montrer où est le véritable danger pour la France. Vous nous avez apporté l'enthousiasme de votre jeunesse et le secours de vos connaissances pour tout ce qui touche à l'Allemagne. Si j'osais, j'ajouterais que vous avez agi ainsi presque malgré moi.

Je puis me rendre cette justice, en effet, que je n'ai jamais cherché à entraîner des jeunes gens dans la défense active d'idées que je crois cependant absolument justes. À tous ceux qui sont venus me voir, j'ai dit : « Avez-vous un peu d'indépendance matérielle, êtes-vous résolus à renoncer à tout succès immédiat. Ne vous y trompez pas, le Juif, comme le dit Disraeli, vous contrecarrera en tout et partout, il ne vous assassinera qu'à la dernière extrémité, mais il mettra des pierres dans votre chemin pour vous faire tomber, il vous enveloppera dans le filet de ses intrigues. Il est le maître absolu dans les journaux, dans les facultés, dans les administrations publiques, dans les académies, dans les salons : à celui qui est de connivence avec lui tout est facile, tout est difficile au contraire à celui qui refuse de s'agenouiller devant l'image idolâtrique de Mammon. »

Ceci est l'exacte vérité. Espérer trouver un appui quelconque chez ceux qui devraient nous soutenir, ce serait pure illusion. De vieux journalistes, de bons chrétiens de souche française sont morts de détresse dans des coins de province après avoir défendu la cause de la monarchie et de l'Église pendant quarante ans. Quant aux écrivains qu'on emploie parce qu'il en faut, surtout au moment de la période électorale, ils sont reçus le matin par les hommes de la droite ; ils viennent prendre les ordres comme les fournisseurs. Le seul journaliste dans lequel les chefs du parti conservateur aient une confiance sans bornes, est le Juif. Le fils du duc de Chartres traîne après lui dans tous les lieux publics une petite armée de Juifs. Notre Montrose, le duc de la Rochefoucauld-Doudeauville a des frémissements de narines quand il sent cette bonne odeur de ghetto, de Mazas et de boudoir interlope, il hume ce parfum avec amour. Quant aux grandes dames, on sait que les plus qualifiées se disputent pour leur intimité la présence de l'ancien comptable de Blanche d'Antigny.

Généralement ces fréquentations judaïques ne rapportent aux grands seigneurs et aux chefs de la Droite que du discrédit et du scandale, ils trouvent tous leur Meyerling comme ce pauvre archiduc Rodolphe qui chérissait si tendrement les Juifs. Mais ces désagréments ne les corrigent pas et, une fois le premier moment de honte passé, ils en reviennent joyeusement à leurs Juifs. C'est nous en effet qu'ils détestent par-dessus tout, parce que nous remuons des idées et que ce bruit trouble leur sieste, parce que nous ne portons pas des chaussures de feutre comme les bonjouriens qui vont dévaliser les appartements et que nous faisons encore du bruit en ouvrant les portes, parce que, lorsque nous sommes contents de nos amis nous leurs adressons un compliment franc et viril ; mais que nous ne savons pas lécher. Le Juif lèche bien, sans aboyer, sans remuer, doucement. La Rochefoucauld dit aux douze pairs : « Meyer n'est peut-être par la fleur de la délicatesse, mais c'est bien gentil tout de même d'être léché comme cela. »

Je suis heureux, mon cher confrère, de l'occasion qui m'est offerte de deviser avec vous publiquement. Tout en jugeant un peu inférieur l'ordre d'idées dans lequel se place Bourget, j'ai trouvé assez juste la pensée qui lui a inspiré la préface du *Disciple*. À cette heure oscillante et perplexe, les hommes qui ont déjà accompli une partie de leur tâche dans la vie, ceux qui, sans être encore des vieillards, sont déjà des aînés, ne me semblent pas ridicules lorsqu'en toute cordialité et sincérité ils disent à leurs jeunes amis : « Voilà ce que vous rencontrerez dans la société contemporaine, l'état général des esprits, les obstacles que vous aurez à vaincre, les forces invisibles contre lesquelles vous aurez à lutter. »

L'erreur de Bourget est de s'imaginer que la question vitale pour la jeunesse soit l'examen approfondi de l'affaire Chambiges et que les amours psychologiques de ce cuistre de Greslou qui prend la note et de Mlle Jussat, puisse exercer une influence quelconque sur l'avenir de la France... Devant ces maladives préoccupations notre bonne gauloise Gyp a quelques raisons de pousser son cri railleur « Ohé ! les psychologues ! Ohé ! »

La jeunesse patriotique dont vous faites partie a d'autres préoccupations ; elle se demande s'il ne serait pas possible au moment de la déclaration de guerre de mettre la main sur les princes d'Israël afin de les forcer à restituer les milliards qu'ils nous ont dérobés et de combattre ainsi dans des conditions favorables.

Au fond c'est l'idée de tout le monde. Aucun journal n'en parle, mais tous les journalistes en causent. Aucun député républicain n'oserait porter une motion de ce genre à la tribune ; mais, vous le savez aussi bien que moi, tous les ouvriers avec lesquels nous nous sommes rencontrés dans nos réunions fraternelles pensent absolument comme nous sur ce point et marchent avec nous la main dans la main. Le boutiquier ruiné parle monopole des grands magasins, le petit rentier dépouillé de ses économies par les forbans de la Haute Banque, le travailleur menacé d'être jeté sur le pavé de Grenelle par le Juif allemand qui a raflé les actions de l'usine Cail, envisagent notre solution comme la seule raisonnable et pratique ; ils estiment tous que le Juif a assez pris et qu'il serait temps qu'il rende un peu...

Le Juif sans doute n'est pas vaincu, mais il est à découvert, il ne peut plus cheminer comme jadis par des voies souterraines ; on le voit fonctionner, on le regarde agir ; on l'interpelle par son nom, on l'interroge directement, on sait où il habite et à quel endroit, le cas échéant, on pourrait le trouver pour lui poser quelques questions avant le déménagement final.

C'est là, ne vous y trompez pas, l'événement capital de cette fin de siècle. Le Juif est tout-puissant : c'est ce qui doit éloigner de nous ceux qui veulent le succès rapide, les places, les missions à l'étranger et les palmes académiques ; il est assez malade cependant pour que la lutte ne soit pas sans espérance pour ceux dont la vie commence à peine, pour ceux qui ont de l'estomac et qui n'oublient pas que c'est à propos de notre siècle que Talleyrand a dit : « Tout arrive ! »

Vous êtes de ceux-là, mon cher confrère. Avec votre esprit épris d'ordre et de méthode vous avez sagement commencé par le commencement ; vous nous montrez dans cette sorte de quintessence du Talmud quelle est la base d'opération du Juif ; il vous reste à expliquer comment il fait passer dans la pratique les maximes du Talmud. C'est à l'avenir, à un avenir que je crois assez proche, qu'il appartiendra de nous apprendre comment tout cela finit...

Édouard Drumont.

Soisy-sous-Etiolles, 2 juillet 1889.

INTRODUCTION

~~~~~~

Le *Juif selon le Talmud* : Guerre faite à l'auteur. — Raison de ces attaques : le Juif ne veut pas que le Talmud soit connu. — Preuves et exemples. — Le Talmudisme vit toujours. — Opportunité du présent ouvrage.

Il y a plus de six siècles que de nombreux savants de tous les pays de l'Europe s'efforcent tour à tour de renseigner les hommes de leur temps sur les théories et sur les lois toujours mystérieuses du Talmud. Mais il n'a peut-être jamais été écrit de livre qui ait éclairé cette grave question aussi pleinement que le *Juif selon le Talmud*, publié il y a quelques années par Auguste Rohling, professeur à l'Université de Prague.

Le rare talent de l'auteur, sa profonde connaissance de la langue, de la littérature et des antiquités rabbiniques, sa vaillante franchise et l'intérêt même du sujet redevenu plus actuel que jamais, assurèrent un éclatant succès à son livre, qui fut bientôt entre toutes les mains. Mais Israël alarmé de cette rapide et vaste diffusion, jugea qu'il était grand temps de se défaire d'un aussi désagréable diseur de vérités, et ne négligea, pour y parvenir, aucun des moyens qui lui sont familiers.

1. — D'abord Rohling se vit chargé de tous les côtés à la fois par une nuée de ces scribes dont Israël n'a jamais manqué. Les uns prétendirent le convaincre d'ignorance ; les autres le traitèrent de tronqueur de textes et de faussaire, tous démontrèrent ; avec ensemble, qu'on n'avait devant soi qu'un brûleur d'hérétiques, un fanatique animé d'inavouables haines, un halluciné à l'esprit troublé par les légendes des plus sombres jours du moyen âge un énergumène né pour la honte du XIXe siècle et de l'humanité.

Il est raconté (1) qu'un jour, Rabbi Josi, revenant sans doute de percevoir les profits de quelque bonne opération, fut assailli en chemin par une bande de quatre cents brigands : le saint homme était perdu sans le secours du ciel : il tomba à genoux et reçut d'en haut une force miraculeuse grâce à laquelle il tira de son corps une si puissante odeur que les quatre cents brigands tombèrent évanouis et que l'odeur se répandant sur l'Océan, alla suffoquer les passagers de tous les vaisseaux alors en mer.

À cet égard, les Juifs sont restés fidèles a eux-mêmes, et Rohling put faire l'expérience que, dans leurs conflits avec nous, leur première manière est restée leur meilleure et leur unique manière.

Essayez de rectifier quelque mensonge historique, risquez par exemple une timide réhabilitation de votre race et de vos pères, insinuez que vous descendez d'hommes qui ne furent, peut-être bien, ni des idiots, ni des pillards, ni des assassins ; vous faites mentir l'histoire, vous mentez vous-même avec effronterie, l'ignorance et le fanatisme parlent par votre bouche.

Hasardez-vous à suspecter la candeur des rabbins qui fabriquèrent le Talmud et la philanthropie des Juifs qui en firent leur code, vous êtes un noir persécuteur, un insulteur d'innocentes victimes, un apôtre de l'obscurantisme, un homme de ténèbres et de sang.

Osez faire la remarque que les Juifs d'aujourd'hui sont bien les héritiers des Juifs d'autrefois et qu'en conséquence certaines mesures de sûreté ne seraient peut-être pas un excès de prudence, c'est la basse envie qui vous dévore, c'est l'infâme cupidité qui vous brûle : vous êtes la honte de votre temps, le rebut de l'humanité, l'excrément de la nature, et vous recevez sur la tête le vase d'ordures que tout polémiste d'Israël porte toujours plein à la main.

Cependant tout ce vacarme inquiétait assez médiocrement Rohling qui, fort de son droit, de sa science et de la vérité, tenait bravement tête à la cohue de ses ennemis. Ceux-ci constatèrent avec amertume qu'on viendrait difficilement à bout d'un tel adversaire, et comme le coup de la main gauche est en somme celui qu'ils exécutent le plus volontiers, c'est à lui qu'ils eurent recours encore

---

1. — *Seder Huddorolh*, p. 258.

une fois. Ils confièrent leurs peines au gouvernement autrichien qui, n'ayant rien à leur refuser, ôta la parole à Rohling et lui défendit de répondre. Ainsi tout en ferraillant tant bien que mal de la main droite, Israël suivait de l'œil l'arme de son adversaire, l'escamotait lestement de la main gauche et frappait à son aise un homme traîtreusement désarmé, sans cesser pour cela de crier au fanatisme et à la persécution, et de jurer que c'était lui qu'on égorgeait.

2. — Tout cela fit naguère grand bruit Vienne et en Allemagne. Mais nous ne voulons tirer qu'un enseignement de cette curieuse et instructive affaire : c'est que le judaïsme ne veut à aucun prix que la lumière soit faite .sur le fond de sa croyance, sur sa morale, sur sa législation. Tandis que tous les autres peuples marchent bannière au vent, et ouvrent au grand soleil leur évangile et leur code, le Juif seul s'enveloppe de ténèbres, le Juif seul cherche le mystère, le Juif seul fait de sa loi civile et religieuse un secret qui ne doit à aucun prix sortir de la famille israélite, et se fait un devoir sacré de mentir éternellement à tous les hommes des autres races et des autres patries.

C'est qu'en effet le Talmud est le livre par excellence de l'exclusivisme, du séparatisme, de la haine universelle, non seulement contre toutes les religions, mais contre tous les peuples de la famille humaine, contre leurs propriétés, contre leur existence sociale et nationale, et nous affirmons, sans crainte aucune, que pas un de ceux qui voudront bien parcourir cet ouvrage ne conservera le moindre doute à cet égard.

Aussi, quiconque est assez curieux pour soulever le voile, assez perspicace pour distinguer la réalité, assez indiscret pour raconter ce qu'il a vu, devient un homme dangereux dont il faut se défaire à tout prix, ou dont il faut tout au moins étouffer la voix, coûte que coûte.

C'est pourquoi les étrangers non juifs qui étudient le Talmud, de même que les Juifs qui le leur enseignent, méritent la mort suivant la loi du Talmud.

C'est pourquoi le Juif qui communique l'enseignement de ses livres sacrés à celui qui n'est pas juif, doit être puni comme dénonciateur et, à ce titre, mis à mort.

C'est pourquoi le Juif qu'on interroge sur le sens d'un passage de ses saints livres, est tenu d'interpréter faussement le texte, car premièrement, il est défendu d'accroître les connaissances d'un étranger, et secondement on mérite la mort quand on lui livre les secrets de la loi. En effet, est-il ajouté, « il vaudrait tout autant exterminer tous les Juifs, car si les non-Juifs savaient ce que nous enseignons sur eux, ne s'empresseraient-ils pas de nous mettre à mort ? »

C'est pourquoi encore les rabbins professent qu'on a le droit de jurer et d'affirmer par tous les serments, que les livres sacrés des Juifs ne contiennent rien contre les peuples étrangers.

3. — Il n'y a donc pas lieu de s'étonner si presque toutes les tentatives faites pour éclairer l'opinion sur ce grave sujet, aboutissent à de médiocres et insuffisants résultats : presque toujours l'astuce et la puissance judaïque apparaissent à point nommé pour étouffer la voix de l'auteur, pour supprimer son livre, bien souvent pour le supprimer lui-même.

Le vieil Eisenmenger vit d'abord son livre confisqué, puis, quand il fut établi qu'il n'avait fait en somme qu'exposer l'exacte vérité, il se vit circonvenu par les offres des Juifs qui lui proposèrent 10,000 thalers, somme considérable pour ce temps-là, s'il consentait à en abandonner la publication.

Un autre savant, Raabe, qui traduisit la *Mischna*, reçut d'un Juif de Mannheim une offre de 3,000 thalers avec une jolie villa aux bords du Rhin, s'il renonçait à faire paraître son livre.

Brafmann, à qui l'on doit de si curieuses révélations sur le rabbinisme actuel, mourut d'une façon si étrange que personne ne doute qu'il n'ait été empoisonné conformément aux lois talmudiques.

Pareil sort fut réservé au docteur Pinner, que la mort vint surprendre au moment où il achevait de traduire le premier traité du Talmud.

Des Mousseaux reçut, un dimanche matin, avis de sa condamnation et de son exécution prochaine et il mourut subitement le lundi qui suivit. Quant à son livre, la première édition passa presque tout entière des magasins de l'éditeur dans l'arrière-boutique d'un bouquiniste de la rue Casimir-Delavigne, d'où elle ne ressortit plus.

Personne ne peut dire ce qu'est devenu l'ouvrage d'Achille Laurent sur les *Affaires de Syrie*, recueil de documents écrasants pour le judaïsme, et qui ne se trouve plus aujourd'hui.

Tout récemment une société de savants entreprenait à Bâle la traduction *intégrale* du *Schulchan Aruch* : il ne s'agissait que d'une œuvre purement scientifique et non d'un acte d'antisémitisme, mais tous les grands rabbins d'Allemagne et autres pays s'empressèrent de faire savoir que ce serait un péché de la dernière gravité que de favoriser cette entreprise en achetant la publication.

Parmi ces faits sans nombre, le cas du docteur Briman et du juif Elbogen mérite une mention toute spéciale.

Briman avait entrepris, lui aussi, une traduction intégrale du Talmud ; en outre, sa juste réputation de juge compétent en matière de littérature rabbinique l'avait désigné à l'attention de Rohling qui lui demanda de se prononcer à titre d'expert sur la véracité de ses écrits et de publier une consultation à ce sujet. Précisément à cette époque, Briman était poursuivi pour injures par une dame sur le compte de qui il avait eu le tort de s'exprimer en termes peu galants. Ce fut dans ces circonstances qu'il fut mandé par Elbogen avec lequel il eut une entrevue dont nous allons rapporter tous les détails.

> « Le vendredi 9 janvier, entre cinq et six heures du soir, je comparus, dit Briman, au cabinet de M. Fr. Elbogen. Je trouvai chez lui le docteur Kopp et deux personnes que je ne connaissais pas. À mon arrivée, Elbogen m'accueillit en me disant : « Monsieur Briman je vous suis très reconnaissant de votre visite . Depuis longtemps, mon attention s'était tournée vers vous, mais l'occasion ne s'étant jamais présentée, je n'avais pas encore pu amener de rencontre entre nous. Je suis revenu ce matin d'Innsbruck, où je m'étais rendu avec M. Kopp dans le but d'amasser contre vous des documents que vous voyez ici sur la table, et les circonstances m'ont paru favorables pour vous prier de passer chez moi.

> « D'abord j'ai à vous faire savoir que je suis chargé de diriger les poursuites pour injures intentées par Mlle N... que vous auriez traitée de... Ensuite je désire vous poser une question : Êtes-vous l'auteur des brochures intitulés : *Miroir du Juif et Sagesse talmudique* ? »

« Je répondis affirmativement.

« — Mais dites-moi, je vous prie, demanda-t-il, comment pouvez-vous vous résoudre à nous exposer tous au danger d'être anéantis : moi je suis juif et je ne connais rien de pire que votre *Miroir du Juif*.

« Je répondis : Si la publication du *Miroir du Juif* avait de fâcheuses conséquences pour les Juifs, je le regretterais, car je n'ai jamais eu l'intention de les persécuter. J'ai écrit dans le seul but de renseigner exactement le Juif honnête autant que le non-Juif sur la valeur du talmudisme et de ses enseignements. Mais personne ne pourra dire que j'ai écrit une seule ligne contre la vérité.

« — Mais dites-moi, au fond pourquoi êtes-vous antisémite ?

« — Vous m'êtes ? monsieur, encore trop inconnu pour que je réponde à votre question.

« — Bien, je vois déjà que vous êtes un fantasque. Je veux vous parler à cœur ouvert. Dites-moi, connaissez-vous Rohling ?

« — Oui.

« — Est-ce vous qui lui avez fait ses brochures ?

« — Jamais de la vie. Je me suis clairement expliqué là-dessus.

« — Mais comment se fait-il que Rohling écrive de pareilles brochures ? Il n'entend rien à toutes ces choses ?

« — Je connais parfaitement Rohling et je puis vous assurer qu'il s'y entend fort bien sinon autant que les plus savants rabbins.

« — Rohling vous a-t-il jamais écrit de donner une consultation sur ses ouvrages.?

« — Oui.

« — Vous êtes certainement un grand ami de Rohling et vous ne demandez qu'à le défendre ?

« — Pas le moins du monde ; je suis même brouillé avec lui.

« — Mais si vous étiez cité pour donner votre consultation, vous prononceriez-vous pour ou contre Rohling ?

« — Je me comporterais comme l'exigeraient la vérité et ma conviction. Mais je ne m'écarterais pas d'une ligne de la vérité soit pour contenter mes amis, soit pour faire pièce à mes ennemis.

« — Eh bien ? je veux vous dire sincèrement la vérité. Moi et Kopp nous sommes allés hier à Innsbruck pour anéantir votre traduction du Talmud. Pas plus tard qu'hier au soir, à six heures, j'ai vu votre éditeur qui m'a affirmé qu'elle ne paraîtrait pas. Vous savez que je suis chargé d'actionner contre vous ; eh bien, nous chercherons tous les moyens possibles pour vous anéantir moralement et physiquement. Cependant, il n'en sera ainsi que si vous continuez à marcher contre nous comme vous l'avez fait jusqu'ici, car vous voulez, vous, nous anéantir. Mais si vous consentez à marcher contre Rohling nous ferons en sorte de vous trouver de beaux moyens d'existence. Que pensez-vous recevoir en argent pour votre Talmud ?

« — Environ 12,000 gulden.

« — Eh bien, nous vous donnerons les 12,000 gulden, si vous voulez abandonner votre traduction. C'est véritablement une infamie étonnante que le gouvernement soutienne une pareille entreprise. Avez-vous encore la lettre de Rohling au sujet de la consultation ?

« — Oui.

« — Demandez ce que vous voudrez, et nous vous le donnons à l'instant même si vous publiez cette lettre.

« — Je regrette vivement que vous me croyiez capable d'une action pareille.

« — Alors, prenons une voiture, rendons-nous chez vous pour que tout au moins vous me fassiez voir la lettre de Rohling. Soyons bons amis : si vous me faites ce plaisir, je laisse tomber toute l'affaire de la demoiselle et, si elle vous inquiète, je me fais votre défenseur. »

« Je m'excusai en disant qu'il m'était impossible de rentrer chez moi et qu'un de mes sténographes m'attendait à la porte pour m'accompagner ailleurs... »

4. — Cette scène ne nous offre pas seulement un parfait modèle de rouerie judaïque en action, en même temps qu'un mémorable exemple de l'obstination avec laquelle le juif étouffe la vérité quand elle le gêne ; elle a surtout le mérite de démontrer avec la plus indéniable évidence combien le talmudisme qu'on nous dit si vieux est resté moderne, vivant, connu et pratiqué des juifs les plus éclairés de notre temps.

Quand les rabbins du Talmud et leurs disciples du moyen âge professent qu'un étranger qui se mêle d'étudier leur loi mérite d'être exterminé, parlent-ils autrement que ce magistrat qui se déclare prêt à l'anéantir moralement et physiquement ?

Quand les mêmes docteurs enseignent qu'un juif ne doit jamais perdre un procès, qu'on doit lui donner gain de cause en vertu de la loi juive si celle-ci est en vigueur, en vertu de la loi étrangère si l'on est en pays étranger, ou par d'adroites intrigues si l'on n'y parvient pas au moyen des lois étrangères ou juives, en quoi leur ligne de conduite s'écarte-t-elle de celle de leur disciple d'aujourd'hui ?

Quand le Talmud dit : Si vous donnez un soufflet à un juif, c'est comme si vous donniez un soufflet à la majesté divine, tient-il un autre langage qu'Elbogen qui voit une infamie étonnante dans l'œuvre indépendante d'un écrivain consciencieux, ou que les rabbins de tous les pays aux yeux de qui tout homme qui regarde le juif de travers est le déshonneur de son siècle et la honte de l'humanité ?

Au fond, les juifs se moquent de nous quand ils nous jurent que leur Talmud est enterré depuis des siècles.

Qu'un bon nombre se soient mis à l'aise vis-à-vis de quelques observances peu commodes pour le temps et les circonstances présentes, on peut encore le croire, mais qu'ils aient brûlé le livre jadis adoré, qu'ils en aient abjuré l'esprit et désappris les enseignements, c'est ce qu'il est impossible d'admettre.

Car s'il n'y avait plus rien de commun entre le vieux talmudisant et le juif moderne, celui-ci se sentirait moins douloureusement atteint chaque fois qu'on fait mine de dire tout haut les petits secrets de celui-là. Le juif réformé se contenterait de dire :

> « C'est vrai, nos devanciers ont eu à votre égard, à l'égard de vos biens, de vos femmes, de vos personnes, de fort singulières idées qu'ils ont eu la malice d'appliquer toutes les fois qu'ils ont pu. Nous en convenons.
>
> « Mais ces gens-là sont morts.
>
> « Entre eux et nous s'est placé un intervalle de siècles durant lesquels le monde a changé et nous aussi.
>
> « Parlez d'eux comme il vous plaira : cela ne nous touche et ne nous regarde pas. Cela ne compte pas pour nous, car nous restons hors du débat.
>
> « Quant à ceux de nos frères qui persistent dans les errements du temps jadis, nous les renions également, et nous sommes trop éclairés, trop philosophes, trop libéraux, trop de notre temps et du vôtre pour nous compromettre en pareille compagnie : arrangez-vous avec eux. »

Ce serait le moyen le plus radical de prouver que le Talmud est réellement répudié, réellement enterré. Mais les juifs se sont gardés de nous donner cette preuve.

Jamais plus qu'aujourd'hui le lien de la solidarité ne s'est montré étroit et solide.

Jamais le juif éclairé, le réformé, n'a renié autrement qu'en vaines et menteuses phrases le talmudisme des siècles passés et le talmudisme des jours présents.

Jamais il n'a manqué une occasion d'unir sa cause à la cause des fanatiques les plus déclarés.

Jamais *l'Alliance israélite* n'a eu l'idée de dire : Nous ne voulons pas de talmudisants chez nous, nous ne voulons pas des fanatiques obstinés qui tiennent encore pour les vieilles lois.

Elle a au contraire ouvert les bras aux marchands de filles, aux usuriers de profession, aux sacrificateurs scélérats de Roumanie, de Gallicie et de tous pays avec autant d'amour qu'aux philosophes de l'Institut.

Et toutes les fois que les premiers ont soulevé l'indignation des peuples en se faisant prendre sur le fait dans quelque immonde ou criminelle affaire, ce ne sont pas les crasseux de la Pologne et de l'Orient qui ont arrêté le bras de la justice ; ce sont les Crémieux et les Montéfiore, ce sont les juifs humanitaires et philosophes qui ont remué le monde entier pour sauver les coupables et qui ont ouvertement déclaré par leurs actes que frapper les assassins des jeunes chrétiennes, les bouchers de chair humaine, les sacrificateurs de la Pâque, c'était frapper en plein cœur le judaïsme moderne tout entier.

D'ailleurs, le Talmud n'a jamais cessé de s'imprimer et par conséquent de se lire. Depuis la fameuse exécution de l'an 1254 où le roi de France ordonna de saisir tous les exemplaires de ce livre monstrueux, la main des rabbins ne s'est jamais reposée, et il n'y a pas un seul siècle, pas même le nôtre, qui n'ait à son actif un bon nombre de traités ou d'éditions nouvelles. J'imagine du reste que si l'Église catholique venait rejeter de son enseignement l'Évangile ou les Épîtres de saint Paul ou même les traités du Père Gury, un pareil événement ne passerait pas sans laisser de trace, et l'histoire enregistrerait quelque décret des papes, quelque décision d'un concile, une date enfin par laquelle on saurait qu'en telle année et en vertu de telle disposition, le livre visé a été définitivement banni de la doctrine et de la morale chrétienne.

Or, nous ne voyons guère chez nos juifs qu'un synode général de l'*an 1866* dans lequel pareille question ait été agitée. Il fut décrété qu'*aux yeux des chrétiens* on repousserait le *Schulchan Aruch*, mais qu'*en réalité* tout juif devait s'en tenir à ses lois en tout pays et en tout temps ; la décision fut signée par 94 rabbins, 182 avocats, 45 médecins et 11,672 juifs de qualités diverses (1).

Ces faits parlent, et si quelque chose peut les contredire, ce n'est certes pas l'affirmation d'hommes à qui leur loi impose le mensonge et le faux serment comme des devoirs sacrés, dès qu'il s'agit de cacher les enseignements de leurs docteurs.

Nous avons donc la certitude qu'en offrant aux lecteurs français un portrait fidèle du juif selon le Talmud, nous ne ressuscitons pas un personnage des siècles passés ; nous ne rajeunissons pas une figure vieillie, nous n'exhumons pas un reste des choses disparues. Le juif talmudiste est l'homme d'aujourd'hui autant que celui d'hier et c'est avec une admirable justesse que la légende allemande du Juif-Errant a nommé son héros le *Juif éternel*.

5. — Il est donc indispensable de connaître les principales dispositions de la loi talmudique à notre égard, pour apprécier avec quelque justesse l'action du judaïsme contemporain.

Le Talmud seul peut nous en rendre raison ; le Talmud seul peut nous permettre de coordonner les faits et de calculer leur portée ; le Talmud seul peut nous faire entrevoir ce qu'un avenir prochain nous réserve logiquement et fatalement, si le sentiment national et le simple instinct de conservation ne se réveillent pas comme jadis, quand la nation française, d'accord avec ses rois, entreprit de faire rentrer le juif dans le rang.

Le Talmud, déjà en pleine période de formation à la venue de Jésus-Christ était entièrement écrit et rédigé avant les premières années du VIe siècle ; ce ne fut donc pas — remarquons-le en passant — la prétendue persécution du moyen âge qui créa l'esprit talmudique, puisqu'il existait avant le moyen âge. L'époque où la France se mit en garde fut précisément celle où des milliers de commentateurs du Talmud enseignaient dans les synagogues qui

---

1. — Imprimé à Lemberg en 1873.

couvraient notre pays que le chrétien et le Français n'étaient que des bêtes de somme ou des esclaves, que leur vie ne comptait pas plus que celle d'une mouche, que leur argent et leurs terres étaient de toute éternité destinés aux juifs, que leurs filles n'étaient qu'un instrument de plaisir pour ceux-ci. Si donc les Français se sont mis en garde, ils ont bien fait ; s'ils ont frappé, c'était leur devoir et nous leur sommes reconnaissants de nous avoir conservé et transmis notre patrie, comme nous la conserverons, Dieu le veuille, aux Français de demain en démasquant le talmudisme moderne, et en le combattant avec la dernière énergie jusqu'à ce que notre sol en soit encore une fois débarrassé.

A. P.

Le docteur Rohling ayant désiré assurer à son livre une diffusion aussi vaste que possible, a préféré ne se réserver aucun droit de traduction et de reproduction. Il nous est donc permis d'offrir ce curieux ouvrage à nos compatriotes sans recourir à une autorisation que le vaillant et généreux savant ne nous aurait pas refusée, mais qui l'aurait gravement compromis auprès de diverses Excellences du gouvernement autrichien.

Usant de la liberté qui nous était laissée, nous avons augmenté la dernière édition de son livre de quelques textes remarquables empruntés à des ouvrages récents, en particulier aux suivants :

1° *Polemik und Menschenopfer*, par Rohling, Paderborn, 1884, Bonifacius Druekerei ;
2° *Prof. Rohling und die Judenfrage, etc.*, par C. Victor, Leipzig, Th. Fritsch, 1887 ;
3° *Esther oder die semitische Unmoral*, par Radenhausen, Leipzig, Thiele, 1887.

LE JUIF SELON LE TALMUD

LIVRE PREMIER

du Talmud en général

I

DU TALMUDISME

Orthodoxes et réformés. — Deux sortes de réformés. — Inconséquence des uns et des autres. — Les orthodoxes. — Principe et naissance du talmudisme.

Depuis peu d'années, un grand mouvement intellectuel s'est produit parmi les Juifs d'Occident.

Tandis qu'en Orient, si l'on excepte quelques dissidents comme les Caraïtes, Judas persiste toujours à jurer sur le Talmud plutôt que sur la Bible, en Europe, l'appel au progrès religieux se fait entendre de toutes parts avec plus ou moins de force.

Tous veulent s'appeler orthodoxes, mais les vieux orthodoxes ne voient dans les progressistes que de mauvais réformistes.

La couleur de ces derniers n'est pas toujours la même.

Les uns « ne craignent pas de rendre le Talmud responsable de toutes les souffrances antérieures de Juda... et lui appliquent le mot de Sieyès : Qu'a-t-il été ? Tout. Que doit-il être ? Rien [1]. » Ils crient aux tenants de la vieille foi : « Vos observances se sont

---

1. — *Archives israélites*, 1867, n° 12, p. 545.

survécues, elles empêchent le judaïsme de se rendre acceptables (1). L'ancien système qui prétendait immobiliser les errements talmudiques et ferait obstacle à l'avenir du judaïsme doit être écarté (2). »

Ils vont plus loin et déclarent que, pour être Israélite, il suffit d'accepter les trois dogmes de l'unité de Dieu, de son immortalité et de l'immortalité de l'âme (3).

Ils ajoutent encore que chacun de nous est juge suprême dans les choses de conscience (4), et ils exhortent Juifs, Chrétiens et Turcs à dépouiller toutes les formes extérieures des cultes et à s'unir dans la croyance à l'unité de Dieu et dans la fraternité universelle (5).

Les autres sont plus réservés.

Ils ne déclarent plus le Talmudisme mais seulement vénérable.

Le Talmud n'est plus pour eux *le livre de la loi* de Juda, mais un *livre respectable* de Juda.

Devant le grand public, ils s'efforcent de le purifier de toute tache (6), tandis que dans leurs ouvrages proprement scientifiques ils confessent qu'il contient « des enseignements sublimes et bas, juifs et païens juxtaposés ainsi que nombre de sentences et de dispositions peu charitables pour les autres peuples et pour les adhérents des autres religions (7). »

Ils ne nient pas expressément le caractère réellement inspiré de la Bible et désignent la « philanthropie universelle » comme l'*idée judaïque* fondamentale (8).

Les deux systèmes sont fort défectueux, mais le second n'est qu'un juste milieu et un moyen terme qui tôt ou tard aboutira au premier par la force de la logique.

---

1. — *Id.*, 1867, n° 10, p. 448.
2. — *Id.*, 1868, n° 12, p. 533
3. — *Archives israélites*, 1868, n° 3, p. 117-118.
4. — *Id.*, 1867, n° 15, p. 677.
5. — *Id.*, 1866, n° 14, p. 628-29.
6. — Kroner dans le *W. Merkur*, 1871, n°s 128 et 130, ainsi que dans sa réponse au *Talmudjude*.
7. — Graetz. *Geschichte der Juden* IV, 410.
8. — Kroner.

Tous deux se tiennent par la main et sont de même famille, et à tous deux la voix orthodoxe de l'*Univers israélite* crie mainte fois (1) !

> « Moïse et le Talmud ne sont plus de votre goût ; le judaïsme n'est plus pour vous une religion, mais une antiquité et une chose morte ; vous marchez sur le sol du paganisme au lieu de veiller près de Jérusalem. »

Le judaïsme orthodoxe reconnaissait avec raison qu'une autorité divine toujours vivante est nécessaire aux consciences, que la révélation une fois communiquée a besoin d'une chaire infaillible qui subsiste à travers toutes les générations jusqu'à la fin, pour transmettre et interpréter le sens véritable de la parole de Dieu, pour l'appliquer aux circonstances diverses de la vie et du monde qui se modifient, et pour la préserver de l'influence des passions et des préjugés qui menacent toujours le jugement de l'homme.

L'ancienne synagogue avait comme gardien ordinaire de la foi l'ensemble du sacerdoce ; les prophètes en étaient les interprètes extraordinaires et le Grand Prêtre avait la prérogative divine de transmettre infailliblement la volonté de Dieu dans les choses qui regardaient le bien général de la théocratie.

Après Jésus-Christ la synagogue maintint le principe de l'autorité vivante.

Mais elle étendit ce principe à la personne de chacun de ses membres indifféremment. Elle alla même jusqu'à déclarer leurs discours et leurs conversations les plus ordinaires ainsi que leurs propos les plus contradictoires, paroles de Dieu et vérités infaillibles.

Un orgueil démesuré était l'âme de cette incompréhensible théorie et il arriva ce qui a coutume d'arriver, c'est-à dire que l'éclosion de cet orgueil fut suivi de la plus étonnante décadence morale.

Ainsi le Rabbinisme en vint à développer une morale qui n'a d'égale que dans ce que le paganisme offre de plus bas.

C'est un tout logique où le mensonge et la fraude, le vol, le meurtre et l'adultère se tiennent aussi étroitement liés ensemble que les anneaux d'une chaîne.

1. — *Passim*.

Les Pharisiens sont les pères de ce monstre épouvantable : aussi, quand Jésus-Christ les appelle couvée de serpents et de vipères et enfants de Satan, on comprend ces terribles malédictions du Sauveur avec autant de facilité qu'on a de peine à concevoir comment un juif raisonnable et pensant peut bien douter qu'en rejetant le Christ Israël ait rejeté la vérité.

Ce sont des conséquences qui ressortent forcément de la simple considération des livres juifs qui sont ouverts devant nous.

Aussi n'a-t-on pas de peine à comprendre que si un Juif, entraîné par le mouvement qui se produit aujourd'hui dans son peuple, ne se dirige pas vers l'Église véritable du Nazaréen, il est amené par la logique des choses à nier toute révélation sans en excepter celle de l'Ancien Testament, et finit fatalement par tomber dans le pur rationalisme.

Un pareil état de choses suffit pleinement à justifier notre projet de faire appel à la conscience d'Israël en lui mettant sous les yeux un tableau sincère des égarements du Rabbinisme.

Si le Juif réformé objecte que le Rabbinisme n'a rien de divin à ses yeux, nous lui répondons alors :

C'est cependant dans la synagogue que vous voulez faire le salut de votre âme ; or c'est aux fruits que l'on reconnaît l'arbre, il faut par conséquent confesser que la synagogue ayant porté dans son sein et élevé ses produits de l'enfer, est aussi peu capable d'assurer le salut de votre âme que ce philosophe qui commença par adorer Hercule et qui n'ayant pas trouvé l'Éternel dans son idole la jeta au feu en disant : « Maintenant, Hercule, accomplis ton treizième travail, et aide-moi à faire cuire mes légumes. »

Car tous deux, le philosophe par son culte idolâtrique, la synagogue par sa doctrine toute païenne, se sont révélés comme des autorités faillibles et assujetties à l'erreur, par suite comme incapables de donner en tous temps et partout une règle de vérité telle que l'exigent les consciences, c'est-à-dire une règle sans tache et sans écart.

Et en continuant après comme avant à se considérer comme juges suprêmes des choses du salut et de l'âme, ils ne font qu'entreprendre de remettre debout leur idole qu'ils avaient jetée au feu et de l'adorer sous un autre nom : ce nouveau nom c'est l'Humanité, et ce qui se cache sous ce nom c'est la vieille misère du pauvre *genus humamun*, du genre humain se suffisant à lui-même, s'adorant lui-même et se livrant ainsi à la servitude du mal et de l'erreur.

Vous conviendrez en second lieu que c'est précisément en méprisant le Nazaréen que la synagogue a perdu la vérité, car c'est de ce moment qu'elle a produit les blasphèmes de sa doctrine et de sa morale qui remplissent tous ses livres.

Remarquez en outre, cher lecteur, que le Juif réformé ne manque pas de soutenir que le Talmud n'a rien de divin à ses yeux, mais que, l'occasion s'offrant, il ne manque pas non plus de jurer sur ce livre comme sur le livre de la loi et de le mettre au-dessus de la Bible [1].

Qu'on ne perde pas de vue d'ailleurs l'esprit dans lequel sont élevés les rabbins, chefs spirituels d'Israël.

Le Talmud constitue l'étude principale des séminaires rabbiniques.

De plus, nos villes possèdent un grand nombre de *Sociétés talmudiques* qui, sous la présidence et la direction des rabbins, permettent à la communauté de lire directement le Talmud et de puiser immédiatement à la source. Ainsi Berlin possède depuis trente-cinq ans une société de ce genre qui réunit ses membres tous les soirs pour la lecture des *saints* livres.

Ainsi donc, bien qu'un grand nombre de négociants juifs, par exemple, n'aient jamais jeté les yeux sur le Talmud, il se trouve assez de frères en Israël qui peuvent initier les autres à ses renseignements.

Or, on se demande à quoi bon toutes ces études, si ce n'est pas pour en tirer parti dans la pratique de la vie.

Tous ces faits s'accordent avec l'affirmation catégorique des Juifs réformés des *Archives israélites*.

« Quand au Talmud, est-il dit, nous confessons son incontestable supériorité sur le livre de la loi de Moïse [2]. »

De son côté, le Dr Kroner adhère de fait à l'ancienne doctrine qui met le Talmud au-dessus de la Bible, car mainte et mainte fois

---

1. — *Archives israélites*, 1864, p. 149-153.
2. — *Archives israélites*, 1864, *loc. cit.*

il trouve parfaitement dans l'ordre ce que le Talmud affirme en opposition radicale avec la Bible.

Car il trouve que voler un chrétien quand on est juif, ou déshonorer une femme non juive, sont des faits que le tribunal juif n'a pas à punir ; il en juge ainsi parce que le Talmud le dit, et il soutient encore à propos de ce cas que Judas conserve la Bible par le Talmud !

Belle conservation en vérité, que cette manière de restreindre une loi qui regarde tous les hommes dans leurs rapports avec les autres hommes, et de la limiter au Juif vis-à-vis du Juif seulement toutes les fois que la juste sentence d'un tribunal pourrait menacer le Juif dans son avoir ou dans sa vie !

Ces errements montrent avec la plus positive évidence qu'une autorité divine et infaillible est nécessaire aux hommes pour préserver le sens vrai de la Bible de toute falsification dans les choses de foi et de morale.

Il serait bien étrange aussi, qu'une œuvre humaine eût mission de protéger une œuvre divine comme la Sainte Écriture.

II

le mot Talmud

Développements du Talmud. — Sa composition. — Ruses des rabbins pour cacher leurs enseignements aux chrétiens. — Éditions diverses.

La synagogue d'aujourd'hui est la fille légitime de l'école pharisienne et l'héritière naturelle de tous les enseignements que les Pharisiens répandirent parmi les Juifs au temps de Jésus-Christ et dans les années qui suivirent.

Environ cent cinquante ans après Jésus-Christ, un rabbin du nom de Juda, craignant que ces enseignements ne vinssent à se perdre, les réunit en un livre qui fut appelé *Mischna*.

Or, *Mischna* signifie la loi répétée ou la seconde loi, parce que la première loi ou la loi des cinq livres de Moïse y est en quelque sorte répétée. En effet, la *Mischna* a pour but de mettre les points obscurs de la loi de Moïse dans leur vrai jour en même temps que de combler les prétendues brèches de celle-ci.

Pendant les siècles suivants, le livre de la *Mischna* fut enrichi de divers commentaires dans les écoles juives de la Palestine et de Babylone.

Ces interprétations de la *Mischna* portent le nom de *Gemara*, et ce sont elles qui, réunies à la *Mischna* ou souvent aussi prises à part, ont été appelées Talmud, c'est-à-dire livre de l'enseignement de la doctrine et de la morale juive.

Les commentaires achevés en Palestine vers l'an deux cent trente après Jésus-Christ forment un in-folio et constituent le *Talmud de Jérusalem* : la *Gemara* de Babylone, avec ou sans la *Mischna* constitue le *Talmud babylonien* ; elle fut achevée vers l'an 500 après Jésus-Christ et ne comprend pas moins de quatorze in-folios.

C'est du Talmud babylonien que les Juifs s'occupent le plus particulièrement, et c'est lui que l'on désigne toutes les fois qu'on ne spécifie pas expressément qu'il s'agit de celui de Jérusalem.

Quand on ouvre un exemplaire du Talmud imprimé dans les deux cents dernières années, on est tout étonné de trouver une masse de feuillets où des passages entiers sont laissés en blanc ou remplacés par un cercle.

Mais dans les éditions plus anciennes, on trouve à ces mêmes endroits des insultes et des blasphèmes contre Jésus-Christ, contre la Vierge Marie et les apôtres, ainsi que des explications d'après lesquelles tout ce que le Talmud enseigne des peuples non juifs, sous le nom de Goim, d'étrangers, d'hérétiques, etc., regarde particulièrement les chrétiens.

Mais quand ceux-ci en furent instruits ils exprimèrent hautement leur mécontentement, et le synode juif de Pologne de l'an 1631 [1] ordonna qu'à l'avenir tous les passages de ce genre seraient remplacés ou par un cercle ou par un espace laissé en blanc et que tous ces enseignements, à savoir par exemple que les chrétiens étaient perdus de vices, qu'on ne leur devait ni amour du prochain, ni justice, etc., ne seraient plus communiqués qu'oralement dans les écoles.

Mais l'avocat Hartw Rodowsky déclare que l'expérience démontre que même de nos jours, s'il se trouve, à vrai dire, des Juifs qui n'ont jamais vu le Talmud, « cependant ceux qui le connaissent répandent ses principes pernicieux comme prescriptions divines parmi leurs coreligionnaires qui les adoptent et ne les mettent que trop souvent en pratique [2]. »

Remarquons enfin que les éditions employées pour la composition de ce livre sont celle de Venise publiée intégralement, celle d'Amsterdam, 1644, déjà tronquée en maint endroit, celles de Sulzbach 1769, de Varsovie 1863, de Prague 1839, toutes mutilées.

---

1. — Voir les pièces du Synode dans *Des Mousseaux, le Juif*, Paris, 1869, p. 100.
2. — *Neuer Judenspiegel*, p. 174. *Cannstadt.*

Le mode de citation est le même pour toutes les éditions et quand une citation est accompagnée de la note *Ven.*, c'est qu'elle manque ordinairement dans toutes les éditions, hormis celle de Venise.

III

LE TALMUD EST POUR LES JUIFS
UN LIVRE DIVIN

> Supériorité du Talmud mis par les Juifs au-dessus de la Bible.
> — Infaillibilité des rabbins. — Tout ce qu'ils disent est
> parole divine. — L'âne des rabbins.

De tout temps, à l'exception de quelques dissidents, les Juifs ont regardé le Talmud en général comme un livre tout aussi divin que la Bible de l'Ancien Testament.

Mais si l'on considère les choses de plus près, ils le mettent bien au-dessus de la Bible.

Isaïe (33, 6), dit le Talmud (1) aurait déjà marqué ses différentes divisions. Et le même Talmud écrit de lui-même (2) que « les paroles de la tradition orale sont égales à celles de la loi. »

Ailleurs (3) il dit :

> « La Bible est comme l'eau, la Mischna comme le vin, la Gemara comme le vin aromatique. Le monde ne peut exister sans eau, sans vin et sans vin aromatique et celui qui est riche ne se passera ni de l'un ni de l'autre. Par conséquent ne « peut exister non plus sans la Bible, sans la Mischna et la Gemara. La loi est comme le sel, la Mischna comme le poivre, la Gemara comme l'épice : le monde ne peu exister sans sel, etc. »

Et plus loin (4) :

---

1. — *Tr. Schabbath*, f. 31, c. 1.
2. — *Rosch. hasch.*, 19, 1.
3. — *Soph.*, 13, 2.
4. — *Tr. Baba*, m. f. 33, 1.

« Ceux qui étudient dans la Bible font une action qui est une vertu ou qui n'est pas une vertu ; ceux qui étudient dans la Mischna pratiquent une vertu et en seront récompensés, mais ceux qui étudient dans la Gemara pratiquent la plus grande des vertus. »

Plus loin encore [1] :

« Quiconque méprise les paroles des rabbins mérite la mort. »

Et de même [2] :

« Si l'homme passe des préceptes et des enseignements talmudistes à ceux de la Bible, il n'y a plus de bonheur pour lui. »

Car [3] :

« Les paroles des docteurs du Talmud sont plus aimables que celles de la loi. »

Et par conséquent [4] :

« Les péchés contre le Talmud sont plus graves que les péchés contre la Bible. »

Du reste le témoignage des autres rabbins ou docteurs de Judas s'accorde exactement avec le propre témoignage du Talmud : ainsi Bechaï' [5] déclare que :

« Si quelqu'un a entre les mains la Bible et la Mischna, mais non le Talmud, on ne doit pas avoir commerce avec lui. »

Et le célèbre Raschi, d'accord avec le Talmud, s'exprime ainsi [6] :

« Mon fils prête attention aux paroles des rabbins plus qu'aux paroles de la loi. »

Ailleurs [7] nous trouvons un remarquable commentaire de cette parole, que l'homme ne vit pas seulement de pain : le pain signifie la Bible, et « tout ce qui sort de la bouche de Dieu » veut dire les sentences, les récits et les fables du Talmud.

---

1. — *Tr. Erubin*, 21, 2.
2. — *Tr. Chagiga*, f. 10.
3. — *Tal. derus. Mas. Ber.*, cap. 1, f. 3.
4. — *Tr. Sanh.*, f. 88, 2.
5. — *Kadd. Hakk.* f. 77, 3. Bechai, rabbin fameux des dernières années du XIIIe siècle.
6. — Sur le *Tr. Gittin*, f. 57 ; *Erubin*, 21, 2.
7. — *Men. hammaor* sur le *Deut.*, 8, 5 (vers 1470).

Dans un livre rabbinique (1) écrit en l'an 1500 après Jésus-Christ, la sentence du Talmud est confirmée par ces paroles que :

> « Celui qui lit la Bible sans la Mischna et la Gemara, est comme s'il n'avait pas de Dieu. »

Il est enseigné en propres termes (2) que :

> « Sur le Sinaï, Dieu donna la loi suivant l'ordre de la Bible, de la Mischna et de la Gemara avec les Agades (récits et fables), mais qu'il voulut donner le Talmud de vive voix, seulement par l'intermédiaire de Moïse, afin que si les peuples du monde venaient à assujettir Israël, il subsistât une différence entre Israël et les idolâtres. »

Et aussi (3) :

> « Parce que s'il avait voulu mettre le Talmud en écrit, son étendue aurait dépassé celle de la terre. »

Si pour montrer de quelle autorité jouit le Talmud, nous avons recours au témoignage de rabbins qui n'ont pas eux-mêmes composé le Talmud, ce n'est pas sans de légitimes raisons.

En premier lieu, puisque le Talmud ne peut être parole de Dieu, étant donné son contenu, il s'ensuit, si l'on examine la chose à fond, que les rabbins de tous les temps sont exactement égaux les uns aux autres, car les premiers n'ont pas été plus que les derniers les interprètes d'une révélation.

Secondement, il est enseigné expressément que tous les rabbins, jusqu'au temps présent, sont revêtus d'une autorité divine et que, tout ce qu'ils disent, est parole de Dieu.

Rabbi Menachem (4) nous apprend, d'accord avec beaucoup d'autres, que :

> « Dieu le Seigneur fait souvent prendre l'avis des rabbins sur terre, quand une question difficile se présente dans le ciel. »

---

1. — *Schaare zed.*, f. 9.
2. — *Tahn. Tr. Berach.*, f. 5 et *Rab.*, par. 47 sur *Schem.*, f. 131 (vers 300 après Jésus-Christ).
3. — *Seph. Juch.*, f. 160 (1500 ans après Jésus-Christ).
4. — Sur le *Pentateuque*, p. 28, f. 129, col. 3.

Le Talmud interprétant à faux une sentence des *Proverbes* (11, 25) dit (1) que les rabbins défunts de tous les temps, instruisent les élus dans le ciel.

Et un livre juif de l'an 1590 dit (2) :

« Tu dois savoir que les paroles des rabbins sont plus douces que les paroles des prophètes. »

Bien plus (3) :

« La conversation ordinaire des rabbins doit être respectée à l'égal de la loi entière. »

Car (4) :

« Les paroles des rabbins sont les paroles du Dieu vivant. »

Et par conséquent (5) :

« Si le rabbin te dit que ta main droite est ta main gauche et que la gauche est la droite, tu ne dois pas t'écarter de sa parole ; mais combien moins encore quand il dit que la droite est la droite et la gauche la gauche. »

Maimonides qu'on surnomma l'aigle de la synagogue, et qui mourut dans les premières années du XIIIe siècle, disait (6) que :

« La crainte du rabbin est la crainte de Dieu. »

Le Talmud lui-même explique d'une manière générale ce que nous venons d'entendre dire aux rabbins des époques suivantes :

« Celui qui contredit son rabbin ou son maître, qui se dispute avec lui, qui murmure contre lui, est aussi coupable que s'il contredisait la majesté divine, se disputait avec elle, murmurait contre elle (7). »

Mais comme il arrive que les rabbins se contredisent entre eux, le même Menachem (8) a écarté cette difficulté au moyen de la plus incroyable assertion : c'est que toutes les paroles des rabbins, quels que soient les temps et les peuples où ils vivent, sont paroles de

---

1. — *Tr. Sanh.*, f. 92, 1.
2. — *Kapht. uph.*, f. 121.
3. — *Mid. mischle*, f. 1. (*Ven.* 1546.)
4. — *Bechai*, sur le *Pent.*, p. 44, f. 201, 4.
5. — Raschi, sur le *Deut.*, 17, 11.
6. — *Jad. chaz. Talm. Tora*, 5, 1.
7. — *Tr. Sanh.*, f. 10.
8. — Sur l'*Exode*, 20, 1, f. 98, par. 31.

Dieu aussi bien que les paroles du prophète, quand même elles se contrediraient et s'excluraient les unes les autres. C'est pourquoi quiconque les contredit, se dispute avec eux, murmure contre eux, pèche aussi gravement que s'il contredisait Dieu, se disputait avec lui, murmurait contre lui.

De même beaucoup de livres juifs (1) soutiennent que les paroles et les explications les plus contradictoires des rabbins viennent du ciel, et qu'ainsi, celui qui les méprise sera jeté dans la fange bouillante de l'enfer.

Les rabbins qui ont composé le Talmud réclament la même foi aveugle pour leurs phrases contradictoires. Ainsi le Talmud raconte en détail les éternelles disputes des écoles d'Hillel et de Schammai ; qu'il s'agisse d'une mouche ou d'un chameau, d'une question grave ou d'une affaire de rien, les opinions des deux écoles seront toujours obstinément opposées : cependant, ajoute le Talmud, c'est bien la parole de Dieu qu'enseigne Schammai et qu'enseigne Hillel (2).

Un jour Rabbi Chaja jura devant Dieu qu'un Rabbin avait dit telle et telle chose (3), mais Bar Kappara jura également devant Dieu que le rabbin avait dit exactement le contraire. Et cependant Raschi explique que les deux rabbins avaient tous les deux dit la vérité, car il est dit que Dieu ne permet pas qu'un rabbin se trompe.

Le Talmud (4) déclare que même une voix venue du ciel serait sans puissance pour contester l'enseignement d'un rabbin.

Bien plus Dieu lui-même (5) ayant pris parti pour un rabbin dans une discussion, se reconnut vaincu par l'adversaire de celui-ci.

Cette infaillibilité va si loin qu'elle rayonne autour du personnage, et il ne peut pas arriver à l'âne d'un rabbin de manger des choses défendues (6).

---

1. — Par ex. : *Leb arje* (Ven. 1650), f. 96, 4 ; *meg. amukk.* f. 3, 2 ; *Jalk. chad.* f. 155, 1, n. 34 (Cracovie ; 1595).
2. — *Tr. Erubin,* f. 13, 2.
3. — Pr. Rohling, etc. p. 73-74.
4. — Pr. Rohling, etc. p. 74.
5. — *Ibid.*
6. — *Ibid.*

Ailleurs on discute la question de savoir à quel signe on reconnaît la loi dans le cas où les opinions se contredisent : la réponse mérite d'être retenue (1).

> « Toutes ces paroles viennent de Dieu, façonne-toi donc les oreilles pareilles à un entonnoir et un cœur qui écoute la parole de celui qui défend comme de celui qui permet. »

Ce qui veut dire en français : Fais donc ce que ton cœur désire pourvu que faire se puisse.

Après cela, si une voix noble et honnête s'élève dans le sein du rabbinisme en faveur du droit et de la vérité, le juif talmudiste ne sera aucunement lié par elle, puisque les enseignements opposés sont tout aussi divins que les siens.

Aussi verrons-nous vingt fois pour une le Talmud déclarer ouvertement et sans détour qu'il est permis de mal faire pourvu qu'on agisse en secret (2).

Puisque les rabbins du Talmud et ceux des siècles suivants se regardent comme également divins et déclarent avec un égal mépris de la raison que leurs contradictions les plus criantes sont au même titre paroles de Dieu, nous traiterons les uns et les autres avec un égal respect, et nous interrogerons ceux-ci comme ceux-là pour mettre en lumière à l'aide de leur témoignage les points principaux de la doctrine et de la morale du Juif talmudiste.

---

1. — *Tr. Chagiga*, f. 3, 2.
2. — *Tr. Chagiga*, f. 16, 1 ; *Kiddusch*, f. 40, 1.

LIVRE II

Corruption de la doctrine

I

LE DIEU DU TALMUD

Ce que Dieu fait dans le ciel. — Le Léviathan et sa femelle. — Péchés de Dieu, son amer repentir. — Le lion d'Elai. — Cause des tremblements de terre. — Griefs de la lune. — Autres défauts de Dieu.

Le Talmud dit :

« Le jour a douze heures ; durant les trois premières, Dieu est assis et il étudie la loi (1) ; durant les trois autres il juge ; durant les trois suivantes il nourrit le monde entier, et durant les trois dernières, il est assis et joue avec le Léviathan, roi des poissons. »

Et la nuit, ajoute Menachen (2) il étudie le Talmud.

La haute école à laquelle Dieu s'instruit dans le ciel en compagnie de tous les anges est aussi ouverte à Asmodé, roi des démons, qui, suivant le Talmud (3), monte tous les jours au firmament pour s'y instruire.

---

1. — *Traité Aboda sara*, f. 3, 2.
2. — Sur le *Pentat.*, f. 97, 3, p. 17.
3. — *Tr. Gittin*, f. 68.

Quant au Léviathan, le Talmud nous explique [1] qu'un poisson de 300 lieues de long entrerait sans se gêner dans sa gueule. Mais à cause de sa grosseur démesurée, Dieu jugea bon de lui soustraire sa femelle, car le monde aurait été rempli de monstres qui auraient tout anéanti.

C'est pourquoi Dieu, dans sa grandeur, a castré le mâle et tué la femelle qu'il a salée et réservée pour le repas des justes dans le paradis.

Mais il faut remarquer que les jeux de Dieu et du Léviathan n'ont duré que jusqu'à la destruction du Temple [2].

Depuis ce temps-là, Dieu n'a plus le cœur à jouer : il ne danse pas non plus comme au temps jadis où il exécuta la première danse avec Ève, après lui avoir fait sa toilette et lui avoir tressé les cheveux [3].

Bien au contraire, depuis la ruine du Temple, Dieu pleure, car il a gravement péché [4].

Ce péché pèse si lourdement sur sa conscience [5] que, pendant les trois parties de la nuit, il se tient sur son séant, et rugit comme un lion, et crie :

« Malheur à moi, car j'ai laissé dévaster ma maison, brûler le Temple et emmener mes enfants ! »

Aussi, depuis ce temps-là, lui qui jadis remplissait le monde entier, il n'occupe plus qu'un petit espace de quatre années [6].

Et quand on veut le louer, il secoue la tête et dit :

« Bienheureux le roi qui est loué dans sa maison ! mais quelles louanges mérite un père qui a laissé ses enfants tomber dans la misère [7] ? »

Pour bien se rendre compte de l'immensité du désespoir de Dieu, il est bon de savoir que le lion dont il égale les rugissements était sorti de la forêt d'Elai.

---

1. — *Tr. Aboda*, s. f. 3, et *Baba* b. f. 74, 1 et 2.
2. — *Tr. Baba*, b. f. 74, 1 et 2.
3. — *Tr. Berach*, f. 61.
4. — *Tr. Chagiga*, f. 5, 2.
5. — *Tr. Berach*, f. 3, 1.
6. — *Ibid.*, f. 11, 1.
7. — *Tr. Ber.*, 1, c.

Un jour l'empereur de Rome voulut le voir et on alla le lui chercher. Quand le lion fut arrivé à 400 lieues de l'empereur, il se mit à rugir avec une telle force que toutes les femmes enceintes avortèrent et que les murs de Rome s'écroulèrent ; quand il ne fut plus qu'à 300 lieues, il fit entendre un autre rugissement au bruit duquel les dents canines et les mâchelières tombèrent à tout le monde ; l'empereur roula par terre du haut de son trône, et demanda qu'on reconduisit le lion chez lui (1).

Dieu se repent d'avoir laissé tomber les Juifs dans la misère comme d'un malheur tout personnel, car, chaque jour, il laisse tomber dans la mer deux grosses larmes, mais avec un tel fracas qu'on les entend d'un bout à l'autre du monde et que souvent même leur chute occasionne des tremblements de terre (2).

En outre, la lune a démontré à Dieu qu'il avait eu tort de la créer plus petite que le soleil, c'est pourquoi Dieu est obligé d'en convenir et de dire :

« Offrez un sacrifice d'expiation pour moi, car j'ai fait la lune plus petite que le soleil (3). »

Le Dieu saint n'est pas non plus à l'abri de l'étourderie, et quand la colère le surprend, il agit tout à fait à la légère (4).

Il lui est même arrivé de mésuser du serment, car il a confirmé une grande injustice par le serment le jour où il jura dans sa colère que les Israélites qui séjournaient dans le désert n'auraient point part à la vie éternelle. Aussi s'est-il repenti de ce serment qu'il s'est bien gardé de tenir (5).

Il est vrai qu'un autre endroit du Talmud nous apprend que toutes les fois que Dieu fait un serment illégitime, il est nécessaire qu'il en soit délié par un autre.

Car un sage d'Israël entendit une fois Dieu qui criait : Malheur à moi ! Qui me délivrera de mon serment (6) ?

---

1. — *Tr. Chollin*, f. 59, 2.
2. — *Tr. Berach*, f. 59, 1 ; *Chagiga*, f. 5, 2.
3. — *Tr. Chollin*, 1. 60, 2 ; *Schebnoth*, f. 9, 1.
4. — *Tr. Aboda*, s. f. 2, 2.
5. — *Tr. Sanhed*, f. 110, 2.
6. — *Tr. Baba*, b. f. 74, 1.

Et quand le rabbin rapporta la chose ses collègues, ils le traitèrent d'âne, parce qu'il n'avait pas lui-même délié Dieu de son serment (1).

C'est pourquoi il y a entre le ciel et la terre un ange puissant appelé Mi dont la fonction est de délier Dieu de tous ses serments et de tous ses vœux et de l'absoudre quand il y a lieu (2).

De même que Dieu a pu jurer illégitimement, il lui est aussi arrivé de mentir pour rétablir la concorde entre Abraham et Sara. C'est pour cela, ajoute le Talmud, qu'on a le droit de mentir quand il s'agit d'avoir la paix (3).

Le Dieu saint est même la cause de tous les péchés qui se commettent sur terre, car c'est lui qui a créé la mauvaise nature de l'homme (4) qui a voué l'homme au péché par un sort fatal (5) et qui a contraint les Juifs à, force ouverte d'accepter la loi (6).

On conçoit donc que l'adultère de David (7) et les excès des enfants d'Eli (8) ne soient pas des fautes au gré du Talmud, puisque Dieu était en cela seul responsable et seul coupable.

---

1. — *Ibid.*
2. — *Meg. amukk*, f. 1, 4.
3. — *Tr. Baba*, m. f. 87, 1.
4. — *Tr. Berach*, f. 32, 1 et 61, 1.
5. — *Tr. Aboda*, s. f. 4, 2.
6. — *Tr. Aboda*, s. f. 2 ; *Schabb*, f. 88.
7. — *Tr. Schabb.*, f. 56, 1.
8. — *Ibid.*, f. 55, 2.

II

LES ANGES

Leur origine. — Leur fonctions diverses. — Leur jalousie contre les Juifs.

Parmi les anges quelques-uns demeurent dans l'éternité, et ceux-là furent créés le deuxième jour ; d'autres ne vivent qu'un temps, ils furent créés le cinquième jour (1).

Aujourd'hui encore de nouvelles légions d'anges sont tirés continuellement d'un immense torrent de feu : ils chantent en l'honneur de Dieu, et chacun d'eux dit le Talmud, chante son cantique et disparaît (2).

Dieu en détruisit un jour toute une troupe d'un seul coup en les brûlant avec le bout de son petit doigt (3).

À chaque parole que Dieu prononce un nouvel ange est créé. Ils ont donc autant de chemin pour arriver à la vie que pour en sortir.

Quant à leurs fonctions vingt et un mille d'entre eux sont préposés aux herbes, car il y en a de vingt et un mille sortes sur la terre (4).

Jorkemo est l'ange de la grêle, Michael est le prince des eaux, Gabriel celui du feu et de la maturation des fruits (5).

Pareillement, le bon et le mauvais amour, la faveur et le crédit (6), les fruits et la paix, les oiseaux et les poissons, les animaux

---

1. — *Bechai, loc. cit.*, par. 7, f. 37, 4 ; *Pirke El.*, cap. 4 et en maint autre endroit.
2. — *Tr. Chagiga*, f. 14, 1.
3. — *Pesikt. rab.*, f. 35, 2 et suiv.
4. — *Chagiga, loc. cit.*
5. — *Meg. amukk.*, f. 32 et 107.
6. — *Tr. pesach.* f. 118 ; *Sanh.*, f. 95. (Raschi) et *Ammudeha Schibba*, f. 49.

sauvages, le médicament, le soleil, la lune, les étoiles, ont leurs anges particuliers et les rabbins savent le nom de chacun d'eux (1).

D'après l'Aigle de la synagogue les âmes des corps célestes sont de bons anges ; c'est pourquoi les globes célestes ont la raison et la faculté de connaître et de comprendre (2).

La principale occupation des anges, c'est de procurer du sommeil aux hommes pendant la nuit (3). Le reste du temps ils prient pour les hommes et les hommes doivent les invoquer.

Mais les anges ne comprennent ni le syriaque, ni le chaldéen, c'est pourquoi on ne doit soumettre aucune requête à leur recommandation dans l'une ou l'autre de ces deux langues (4).

Cette ignorance des anges offre encore un autre avantage, car les juifs ont une prière incomparable qu'ils récitent en Chaldéen, dit le Talmud, afin que l'excellence de cette prière ne rende pas les anges jaloux (5).

Suivant une autre opinion, les anges comprennent bien toutes les langues, mais ils ont pour celle-ci une horreur si profonde qu'ils n'écoutent rien de ce qu'on leur dit par leur intermédiaire (6).

---

1. — *Berith., men.*, f. 37, 1.
2. — *Maimonid.*, More 2, 5, f. 61 ; de même *Bechai* sur le *Pentat.*, f. 9.
3. — *Jalk. chad.*, f. 118.
4. — *Tr. Schabb.*, f. 12, 2 et Tos.
5. — *Tr. Berach.*, f. 3, 1. Tos.
6. — *Jalk. chad.*, f. 117, 3.

III

HISTOIRE DES DIABLES

Origine. — Relations d'Adam avec les démons femelles et d'Ève avec les démons mâles. — Les principaux de la tribut. — Leur rôle, leur séjour sur terre. — Noyers, cornes de bœuf enterrements, etc. — Le Talmud et la magie.

Dieu créa les diables le vendredi soir au moment du crépuscule, et comme le sabbat commençait il n'eut pas le temps de leur fabriquer un corps et des habits [1].

Suivant d'autres, s'ils ne reçurent pas de corps, ce fut en punition de ce qu'ils ne voulaient pas que l'homme en reçut un [2].

Les démons sont un composé d'eau et de feu [3] ; un certain nombre sont créés avec de l'air, d'autres avec de la terre ; quant à leur âme, elle est faite d'une matière qui se trouve sous la lune et qui ne sert à autre chose qu'à cela [4].

Quelques démons descendent d'Adam qui, après avoir reçu la malédiction de Dieu, refusa de s'approcher d'Ève pour n'en avoir pas d'enfants de malheur [5]. Alors deux diables femelles lui apparurent et par lui engendrèrent de nouveaux démons [6].

D'après le Talmud, Adam entretint pendant 130 ans des relations avec Lilith, démon féminin des plus illustres, et pendant 130 ans, il n'engendra que des diables et des spectres [7].

---

1. — *Jalk. chad.*, f. 107, n. 27.
2. — *Ibid.*, f. 115-116.
3. — *Nischm. chaijm*, f. 117, 2.
4. — *Tub., haar*, f. 9, 2.
5. — *Jalk., rub.*, n. 3.
6. — *Tr. Erubin*, f. 18, 2.
7. — *Bechai*, par. 1, f. 46, 1 ; et *Nischmath Chaijm*, f. 444, 2.

De son côté, du reste Ève, ne mit au monde que des diables également, et cela durant les 130 ans où elle dut être la femme des démons masculins (1).

Suivant le Talmud, les démons peuvent procréer entre eux comme les hommes, ils se multiplient comme les hommes, boivent et mangent comme les hommes et beaucoup meurent comme eux (2).

Quatre femmes sont célèbres à titre de mères des démons : Salomon eut, dit-on, plein pouvoir sur elles, les appela ses servantes et se servit d'elles pour son usage (3).

L'une de ces femmes s'en va, dit le Talmud, durant les nuits du jeudi et du sabbat et sort à la tête de cent quatre-vingt mille diables qui ont le pouvoir de nuire et de mal faire : cette femme, et ses filles en même temps qu'elle, est l'épouse du démon Sammael (4).

Lilith, une autre des quatre, se montra désobéissante envers Adam, son époux, et dut pour sa peine se résigner à voir mourir chaque jour cent de ses enfants, et en même temps à promettre de ne pas tuer les petits enfants sur lesquels elle a pouvoir, quand ils porteraient trois noms d'anges (5). Lilith hurle continuellement, accompagnée de quatre cent quatre-vingts anges de perdition.

Une autre de ces quatre femmes danse sans trêve ni repos et conduit avec elle quatre cent soixante-dix-neuf esprits malins (6).

De même que par l'intervention d'Adam, ainsi un grand nombre de diables nouveaux continuent toujours à naître, mais il serait trop malpropre de le raconter.

D'ailleurs, il est bon de remarquer que l'homme peut tuer les diables en certaines circonstances, par exemple quand il est occupé à faire cuire les gâteaux de Pâques (7) et qu'il s'y applique d'une façon soutenue. —Par contre Noé sauva la vie à un certain nombre d'entre eux en les prenant avec lui dans l'arche.

---

1. — *Tr. Chagiga*, f. 16, 1.
2. — *Menachem I*, c., f. 33, 3.
3. — *Tr. Pesachim*, f. 112, 2.
4. — *Seph. b. Sira*, f. 9, 1 et 2, et aussi *Emek. hammel*, f. 84, 2.
5. — *Jalk. chad.*, f. 108, 3.
6. — *Hanhag*, f. 16.
7. — *Nischm.*, ch., f. 115, 3.

Quant au lieu de résidence des démons, les rabbins nous apprennent qu'un certain nombre habite les airs et a pour mission de fabriquer les rêves des hommes ; d'autres résident dans les abîmes de la mer et ils détruiraient le monde s'ils étaient laissés en liberté ; d'autres demeurent dans les juifs et ce sont eux qui commettent leurs péchés [1].

D'après le Talmud [2], les diables aiment à danser entre les cornes d'un bœuf qui sort de l'eau, et au milieu de femmes qui reviennent d'un enterrement [3]. Les démons recherchent encore le voisinage des rabbins parce qu'une terre desséchée, dit le Talmud, a soif de pluie [4]. Ils se rencontrent également sur les noyers : et s'il est dangereux de dormir dessous, c'est qu'il y a un diable sur chaque feuille [5].

Deux démons fameux, Asa et Asael demeurent dans les montagnes sombres du côté de l'Orient : c'est d'eux que Balaam, Job et Jetro apprirent l'art des enchantements ; c'est par eux que Salomon régnait sur les oiseaux ainsi que sur le reste des démons, et c'est par eux aussi qu'il força la reine de Saba à venir le voir [6].

À cause des démons, personne ne doit s'isoler dans des endroits retirés ou pendant la croissance et la décroissance de la lune ; personne ne doit saluer ceux qu'il rencontre pendant la nuit, car celui qu'on salue pourrait être un démon ; personne ne doit oublier de se laver les mains le matin de bonne heure, parce que l'esprit impur se repose sur les mains impures.

On n'en finirait pas si l'on voulait rapporter tout ce que le délire de la superstition inspire aux docteurs du Talmud.

On possède des ouvrages entiers consacrés aux superstitions et aux pratiques de magie des écrits juifs. « Le Talmud, dit un professeur français de magie, le juif Eliphas Levi [7], le Talmud est le traité fondamental de toute magie. »

1. — *Bechai*, f. 90, 1.
2. — *Tr. pes.*, f. 112, 2.
3. — *Jore deah*, n. 348 et suiv.
4. — *Tr. Berach*, f. 6, 1.
5. — *Jalk. chad.*, f. 108, 2.
6. — *Emek. Hamel.*, f. 68, 1 et 132.
7. — Eliphas, *Histoire de la magie*. Paris, 1860.

Nous nous contentons d'ajouter quelques traits empruntés à certains enchanteurs célèbres dans le Talmud.

L'un des fondateurs du judaïsme talmudiste pouvait, suivant ce qu'en rapporte le Talmud, créer un homme par sortilège après en avoir tué un [1].

Chaque soir il créait un veau de trois ans en collaboration avec un autre rabbin, et ils le mangeaient ensembles [2].

De même un autre rabbin talmudiste pouvait à sa volonté changer les citrouilles et les melons en cerfs et en chevreuils [3].

Rabbi Eliézer ensorcelait un champ de telle façon qu'il se couvrait de citrouilles [4].

Rabbi Jannai savait changer l'eau en scorpion ; un jour, il changea une femme en un âne sur lequel il s'en alla au marché [5].

Le patriarche Abraham lui-même aurait pratiqué la magie et l'aurait enseignée aux autres [6] : il portait au cou une pierre par la vertu de laquelle il rendait la santé à tous les malades [7].

Mais les rabbins talmudistes possédaient même une pierre avec laquelle ils rendaient la vie à ce qui était mort : un rabbin, raconte le Talmud, enleva la tête à un serpent d'un coup de dent, et quand il le toucha avec sa pierre, le serpent redevint vivant. Il alla même jusqu'à toucher de sa pierre des oiseaux déjà, salés et ceux-ci retrouvèrent la vie et s'envolèrent [8].

---

1. — *Tr. Sanhedrin*, f. 65, 2, et *Tr. Megilla*, f. 7, 2.
2. — *Tr. Sanh., ibid.*
3. — *Talm. Jer. Sanh.*, cap. 7.
4. — *Tr. Sanh.*, f. 68, 4.
5. — *Tr. Sanh.*, f. 67, 2 et Tr. Soph. f. 13.
6. — *Tr. Sanh.*, f. 91, 1.
7. — *Tr. Baba*, b. f. 16, 2.
8. — *Tr. Baba*, b. f. 74. 2.

IV

MYSTÈRES

Création d'Adam et Ève.— Le roi Og ; sa taille et son aventure avec les fourmis. — Comment il mourut et ce qu'Abraham fit de ses os.

Le rabbin Fabius, de Lyon, expliquait dans son discours du premier jour de l'année juive en 1842, que la religion juive avait sur la religion chrétienne et aussi bien que sur les autres, l'immense avantage de n'avoir pas de mystères : car tout en elle était raison et lumière, tandis que celle des chrétiens disait à la raison de se taire et à la folie de parler.

Le Talmud [1] nous a déjà fourni de nombreux exemples de la sagesse et des lumières vantées par Fabius, mais il s'en faut bien que ce soit tout.

Quand Dieu eut ramassé toute la poussière du monde entier, il en forma une masse qui devint l'homme. Mais ce ne fut d'abord qu'un homme double, un homme à deux faces, que Dieu coupa en deux pour en tirer Adam et Ève.

Adam était si grand que sa tête touchait le firmament ; quand il se couchait, sa tête atteignait les extrémités du monde à l'Orient tandis que ses pieds dépassaient à l'Occident [2]. Dieu fit pour lui une lucarne par laquelle il pouvait voir d'un bout à l'autre du monde [3].

Mais quand Adam eut péché, Dieu le fit petit comme le commun des hommes [4].

---

1. — *Tr. Sanh*, f. 38, 1 et 2 ; *Berach.*, f. 61, 1 et *Erubin*, f. 18, 1.
2. — *Tr. Sanh.*, f. 38, 2.
3. — *Tr. Chagiga*, f, 12, 1.
4. — *Ibid.*

Og, roi de Basan, dont il est parlé dans la Bible, reçut son nom pour avoir rencontré Abraham au moment où celui-ci faisait cuire les gâteaux de Pâques qui s'appellent en hébreu *ugga* (1). Au temps du déluge, Og fut sauvé avec un rhinocéros grâce à la précaution qu'il prit de marcher à côté de l'arche. Car l'eau restait froide autour de l'arche tandis qu'elle était partout ailleurs aussi chaude que de l'eau bouillante (2).

La nourriture d'Og était chaque jour un troupeau de deux mille bœufs avec autant de gibier qu'il mangeait en buvant mille mesures (3).

Quand Israël s'approcha de Basan, Og entendit dire que le camp d'Israël avait trois lieues d'étendue. Il arracha alors une montagne de trois lieues de tour, il l'enleva de terre, la plaça sur sa tête et se mit en marche.

Mais Dieu fit venir des fourmis sur cet énorme rocher. Elles parvinrent à le miner et à creuser un trou dans l'intérieur, en sorte que la tête d'Og passa au travers et que la montagne lui resta autour du cou comme un collier.

Il arriva même que ses dents ayant pénétré dans le rocher en passant au travers de ses mâchoires, il lui fut impossible de se débarrasser de sa montagne.

Moïse saisit le moment (4). Il accourut avec une hache de dix aunes de long, et il sauta en l'air à une hauteur de dix aunes, ce qui lui permit de frapper Og sur la cheville du pied, et c'est ainsi qu'il le tua (5).

Mais ce dénouement n'empêche pas le Talmud de dire que Og est entré vivant dans le paradis.

Cependant le même Talmud (6) raconte que Rabbi Jochanan trouva un jour le tibia d'un mort et qu'il marcha trois heures durant le long de ce tibia sans en trouver la fin : or, c'était celui d'Og, roi de Basan.

---

1. — *Tr. Nidda*, f. 61, 1. Tos.
2. — *Tr. Seb.*, f. 113, 2.
3. — *Tr. Soph.*, f. 14, 4.
4. — *Tr. Berach.*, f. 54, 2.
5. — *Tr. Derech erez*, f. 20, 3.
6. — *Tr. Soph.*, f. 44, S.

Le Talmud sait encore nous dire qu'Abraham but et mangea autant que soixante-quatorze hommes ensemble ; c'est pourquoi il fut aussi fort que soixante-quatorze hommes réunis (1).

Cependant, il était petit en comparaison du roi Og. Car un jour, Og perdit une dent et Abraham s'en fit un lit : toutefois les rabbins disputent pour savoir s'il s'en fit un lit ou un escabeau (2).

Il faut convenir que les chrétiens n'ont tout de même pas de mystères de ce genre, ni en réalité, ni en figures, encore bien qu'ils soient eux aussi originaires de l'Orient.

---

1. — *Ibid.*
2. — *Tr. Nidda*, f. 24, 2.

V

ÂMES DE JUIFS ET DE CHRÉTIENS

Origine des âmes. — Différence entre l'âme d'un juif et l'âme d'un autre homme. — Métempsycose ; sa raison d'être.

Toutes les âmes des hommes qui existeront jusqu'à la fin du monde ont été créées pendant les six jours de la création (1). Ensuite (2) Dieu les introduisit dans la trésorerie du ciel, d'où il les laisse sortir, comme l'enseignent tous les sages d'Israël, toutes les fois qu'une mère est sur le point de mettre un homme au monde (3).

Suivant tous les docteurs juifs, Dieu créa (4) six cent mille âmes de juifs, parce que chaque verset de la Bible comporte six cent mille interprétations et que chaque interprétation a trait à une âme.

Mais indépendamment de son âme, tout juif en reçoit une autre le jour du sabbat (5) ; celle-ci s'ajoute à la première, et c'est elle qui fait naître l'appétit et le plaisir de boire (6).

Les âmes des juifs ont le privilège d'être une part de Dieu même ; elles sont de la substance de Dieu, de la même façon qu'un fils est de la substance de son père (7).

C'est pourquoi une âme de juif est plus chère et plus agréable à Dieu que toutes les âmes des autres peuples de la terre, car les âmes

---

1. — *Nischm ch.*, f. 70, 2.
2. — Raschi sur le *Tr. Chag.*, f. 5, 1.
3. — *Nischm*, f. 72, 1.
4. — *Jalk. chad.*, f. 155, 1.
5. — *Tr. Taanith*, f. 27, 2.
6. — Raschi, sur le *Taanith, loc. cit.*
7. — *Schefa tal.*, f. 4 ; *Schene luth. hab.*, f. 262, 3, et un grand nombre de rabbins.

de ceux-ci viennent du diable (1) et sont des âmes semblables à celles des animaux et des brutes (2).

C'est pour cela que le Talmud dit aussi que la semence d'un étranger qui n'est pas juif est une semence de bête (3).

Après la mort, l'âme des juifs passe dans d'autres corps, car au moment où un aïeul rend le dernier soupir, son âme va animer le corps de l'enfant qu'une mère de la génération suivante porte dans son sein (4).

Caïn avait trois âmes : la première passa dans Jetro, la seconde dans Corée, la troisième dans l'Égyptien que Moïse tua (5).

L'âme de Japhet passa dans Samson, l'âme de Tare dans Job, l'âme d'Ève dans Isaac, l'âme de la courtisane Rahab dans Heber, l'âme de Jael dans Eli (6) et l'âme d'Esaü, dit le grand Abarbanel, dans Jésus. Or, Esaü, suivant le Talmud (7), n'était qu'un meurtrier et un adultère.

Quant aux juifs impies, c'est-à-dire ceux qui ont apostasié la foi juive ou qui ont tué un Israélite, ils sont envoyés, après leur mort, dans des animaux ou des végétaux, puis ils subissent, dans l'enfer, une peine de douze mois à l'expiration de laquelle ils sont créés une seconde fois et passent successivement pour s'améliorer dans des choses inanimées, dans des animaux, dans des païens et enfin dans des Israélites (8).

Cette transmigration des âmes est une disposition de la miséricorde de Dieu qui a voulu que tout Israël ait sa part de la vie éternelle (9).

---

1. — *Schefa, t.*, f. 4, 2 ; *Menachem*, p. 53, f. 221, 4.
2. — *Jalk. chad.*, f. 154, 2.
3. — *Tr. Jebam*, f. 94, 2. Tos.
4. — *Nischm., chaijm*, f. 159, 2.
5. — *Jalk. rub.*, n. 9, *T. Gilg.*
6. — *Jalk. rub.*, n. 18, 24, 61, 1 ; *Jalk. chad.*, f. 127, 3 ; Abarbanel. *Comment. sur Jés.*, f. 54, 3.
7. — *Tr. Baba bat.*, f. 16, 2.
8. — *Seph. emek hamel.*, f. 16, 1.
9. — *Seph. abod. hak.* II, 48, 2 ; et *Nischm. chaijm* ; f. 163 ; 2.

VI

Paradis et Enfer

Le paradis est pour les Juifs. — Ce qu'ils y mangent et boivent. — L'enfer est pour les autres peuples.

Le paradis, dit le Talmud, est rempli de la plus suave des odeurs, car un jour Elie parsema le manteau d'un rabbin de feuilles des arbres du paradis, et quand le rabbin remit son manteau, le parfum y resta attaché, si bien qu'il aurait facilement revendu le manteau plus de 300 francs [1].

Nous avons déjà vu qu'au ciel les justes mangent la chair conservée de la femelle du Léviathan : on leur sert en outre la chair d'un bœuf sauvage, si prodigieusement gros, qu'il absorbe, chaque jour, l'herbe de cent montagnes [2].

En troisième lieu, ils mangent un gros oiseau, très friand au dire du Talmud, et le quatrième plat consiste en oies extrêmement grasses [3].

Quant au breuvage, c'est un vin exquis, dit le Talmud, et d'un grand âge, car il est conservé du sixième jour de la création [4].

Cependant, il n'y a que les justes, c'est-à-dire les Juifs, qui entrent en paradis : les impies prennent le chemin de l'enfer [5].

---

1. — *Tr. Baba*, m. f. 144, 2.
2. — *Tr. Baba*, b. f. 74, 2.
3. — *Ib.*, f. 73, 2.
4. — *Tr. Sanh.*
5. — *Tr. Chagiga*, f. 15, 1 ; et *Erub.*, 19, 1.

Là, on ne voit que boue et pourriture, que pleurs et ténèbres : chaque demeure de l'enfer tient en réserve six mille caisses et dans chaque caisse se trouvent six mille tonneaux remplis de fiel (1).

L'enfer est soixante fois plus grand que le paradis (2), car il doit recevoir tous les incirconcis, mais principalement les chrétiens, qui font aller et venir leurs doigts (qui font le signe de la croix) et aussi les Turcs qui ne se lavent que les mains et les pieds ; tous ceux-là y entreront (3) et pour y rester éternellement (4).

---

1. — *Reschtih chokm.*, f. 37, 2.
2. — *Tr. Taan.*, f. 10, 1.
3. — *Zéror h. par.*, *Told. Jizeh.*, f. 27, 2, et beaucoup d'autres,
4. — *Talm. Tr. rosch. hasch,,* 17, 1 et divers autres.

VII

LE MESSIE ET LE RÈGNE MESSIANIQUE

Ce que les Juifs entendent par ce mot. — Ce que le Messie donnera aux Juifs et ce que deviendront les autres peuples. — Qualification du vrai Messie.

Les Juifs attendent le Messie et leur plus ardent désir est de voir arriver son règne : il est bon de se rendre compte de ce qu'ils entendent par le Messie et par son règne.

Quand le Messie viendra, dit le Talmud, la terre produira des gâteaux et des habits de laine et du froment dont chaque grain sera aussi gros que les rognons des bœufs les plus puissants [1].

Le Messie rendra le sceptre royal aux Juifs, tous les peuples le serviront et tous les royaumes lui seront assujettis [2].

Alors chaque Juif aura deux mille huit cents esclaves et trois cent dix mondes en son pouvoir [3].

« Mais le Messie ne viendra pas tant que durera le misérable et méprisable règne [4] (des peuples non juifs). »

C'est pourquoi :

« Si Israël est bon, il doit faire en sorte que les dominateurs des autres peuples soient jetés en bas de l'échelle de la domination, afin que la domination sur les autres peuples soit le partage des Juifs seuls [5]. »

---

1. — *Tr. Kethub.*, f. 111, 2 ; et *Schabb*, f. 30, 2.
2. — *Tr. Schab.*, f. 120, 1, et *Tr. Sanh.*, f. 88, 2, 99, 1.
3. — *Jalk. Schim.*, f. 56, 4, et Bechai, *loc. cit.*, f. 168, etc.
4. — *Polemik*, etc., p. 19.
5. — *Ibid.*

Car :

« Partout où viennent les Juifs, ils doivent s'établir dominateurs de leurs maîtres (1). »

Tant qu'ils n'ont pas atteint ce but définitif, ils ne se considèrent que comme des exilés et des captifs :

« Quand bien même les Juifs demeureraient dans leurs villes, tant qu'ils ne se sont pas rendus leurs maîtres, il faut dire : désolation, misère (2) ! »

Et :

« La captivité d'Israël durera tant que les dominateurs étrangers ne seront pas anéantis (3). »

Mais avant que les peuples étrangers ne soient anéantis et réduits en servitude, avant que les Juifs ne soient maîtres de leurs villes et que le règne messianique ne commence, il se livrera une longue et cruelle guerre. Les deux tiers des peuples y laisseront la vie et il faudra sept années aux Juifs pour brûler les armes conquises (4). Alors les antiques ennemis d'Israël verront leurs dents croître hors de leur bouche d'une longueur de vingt-deux aunes (5).

En attendant, les Juifs vivent dans l'état de guerre continuel avec tous les peuples étrangers (6).

Quand la victoire sera définitive, le Messie acceptera des présents de tous les peuples, mais il refusera ceux des chrétiens (7).

Les Juifs seront alors démesurément riches, car tous les trésors de tous les peuples tomberont entre leurs mains.

Ces trésors rempliront des palais si vastes, dit le Talmud, qu'il ne faudra pas moins de trois cents ânesses pour porter les clefs des portes et des serrures (8).

---

1. — *Ibid.*, p. 18.
2. — *Polemik*, etc., p. 18-19.
3. — Prof. Rohling, etc., p. 80, 8.
4. — *Majene jesch.*, f. 74, 4 et 76, 1. Voir aussi *Maimonides* : sur le *Tr. Schabb, loc. cit.*
5. — *Oth. Akib.*, et *Schin.*
6. — *Polemik*, etc., p. 19.
7. — *Tr. pes.*, f. 118, 2, et un grand nombre de rabbins.
8. — *Tr. pes.*, f. 119 ; *tr. Sanh.*, f. 110, etc.

Tous les peuples accepteront alors la foi juive, mais les chrétiens seuls ne participeront pas à cette grâce ; ils seront au contraire entièrement exterminés (1), car ils descendent du diable (2).

Alors seulement l'attente de la nation juive sera remplie, car le Messie qu'ils désirent et dont ils préparent l'avènement, c'est Israël lui-même, c'est le peuple juif dont le règne sur les peuples du monde sera la venue du Messie.

Tandis que le véritable règne du Messie est défiguré, absolument comme au temps de Jésus-Christ, par les plus extravagants rêves de puissances terrestres, le vrai Messie subit, lui, des injures qu'un chrétien ne peut pas répéter.

C'est, il faut en convenir, un fait quelque peu étrange, qu'en pays chrétien, il soit permis aux Juifs de traiter publiquement le Christ d'idole née dans l'impudicité et l'adultère (3).

---

1. — *Tr. Jebam*, f. 24, 2. *Tr. Aboda*, s. f. 3, 2, etc., etc.
2. — *Zeror ham.*, f. 125, 2.
3. — Fabius, *Offrande au Dieu de l'Univers*, d'après le *Talmud* (édit. d'Amsterdam et Venise), *tr. Sanh.*, f. 67 et 107, etc.

LIVRE III

Corruption de la morale

I

DU PROCHAIN

Le prochain du Juif est le Juif seul. — Les autres hommes sont des bêtes ayant la forme humaine. — Des ânes, des chiens, des cochons. — Il faut les détester, mais ne pas le témoigner. — Théorie de *l'hypocrisie permise*.

Les Israélites, dit le Talmud (1) sont plus agréables à Dieu que les anges.

Celui qui donne un soufflet à un Juif est aussi coupable que s'il donnait un soufflet à la majesté divine, dit encore le Talmud (2), et les rabbins le répètent avec ces paroles déjà citées :

« Qu'un Juif est de la substance de Dieu comme un homme est de la substance de son père. »

C'est pourquoi un goy, c'est-à-dire un païen, un non-Juif, qui frappe un Juif, mérite la mort suivant le Talmud (3).

---
1. — *Traité Chollin*, f. 91, 2.
2. — *Tr. Sanhedrin*, f. 58, 2.
3. — *Tr. Sanhedrin*, f. 58, 2.

> « S'il n'y avait pas de Juifs, nous apprend le Talmud, il n'y aurait aucune bénédiction sur terre (1), il n'y aurait ni pluie ni soleil (2), c'est pourquoi les peuples de ce monde ne pourraient pas subsister s'il n'y avait pas de Juifs (3).
>
> « Il y a une différence entre toutes choses, et autant les hommes sont élevés au-dessus des animaux, autant les Juifs sont élevés au-dessus des peuples de la terre (4). »

Bien plus, dit le Talmud (5) :

> « C'est une semence de cheval que la semence d'un étranger. »

Or, étranger et non-Juif sont, d'après Rabbi Kroner (6), une seule et même chose. Et le Talmud dit qu'un étranger est celui qui n'est pas circoncis, qu'un étranger et un païen sont une seule et même chose (7).

Le Talmud enseigne encore :

> « Que les tombeaux des non-Juifs ne souillent pas Israël, car les *Juifs seuls sont des hommes, et les autres nations ne sont qu'une variété d'animaux* (8). »

Les non-Juifs sont même des chiens pour le Talmud, car à propos d'un passage de l'Exode (12, 16) il écrit que les fêtes sacrées sont pour Israël, non pas pour les étrangers, non pas pour les chiens (9).

Rabbi Mose ben Nachmann répète cette même appréciation en disant :

> « C'est pour vous et non pour les Goym, c'est pour vous et non pour les chiens » que sont instituées les fêtes (10).

Il en est de même dans Raschi à propos du passage de l'Exode (12) dans l'édition de Venise, tandis que dans le Pentateuque d'Amsterdam, le commentaire *« et non pour les chiens »* est prudemment laissé de côté.

---

1. — *Traité Jebam*, f. 61, 1.
2. — *Bechai*, sur la *Pentateuque*, p. 34, f. 153, 3.
3. — *Zeror*, h. f. 107, 2.
4. — *Zéror*, f. 101, 2.
5. — *Tr. Jebam.*, f. 94, 2. Tos.
6. — *Cf.* la Réplique de Kroner, 1, 47.
7. — *Traité Berach*, f. 47, 2. ; *Tr. Gittin*, f. 70, 1. ; *Tr. Aboda.*, S. f. 26, 2. Tos.
8. — *Tr. Baba*, m. f. 114, 2.
9. — *Tr. Megilla*, 7, 2.
10. — F. 50, 4, par. Bo.

Ailleurs il est enseigné que le non-Juif est même inférieur aux chiens, car « aux jours de fête on peut bien préparer la nourriture des chiens, mais non pas celle des non-Juifs, en effet on n'est tenu de laisser vivre que les chiens et non pas les non-Juifs (1). »

> « Il n'est pas permis de donner la viande au non-Juif, mieux vaut la jeter au chien, car le chien est meilleur que lui (2). »

Les non-Juifs sont, non seulement des chiens, mais des ânes (3), et Abarbanel dit :

> « Le peuple élu est digne de la vie éternelle, les autres peuples sont pareils aux ânes (4). »
> « Âne est la dénomination du non-Juif (5). »
> « Les enfants d'un non-Juif et d'un esclave n'ont avec leurs parents aucun rapport de parenté, car ils sont égaux aux ânes (6).
> « Les maisons des Goym sont des maisons d'animaux (7). »

Et quand Nabuchodonosor offrit sa fille à Ben Sira, celui-ci lui répondit :

> « Je suis un enfant des hommes et non pas une bête (8). »

Rabbi Menachem (9) dit :

> « Vous, Israélites, vous êtes des hommes, mais les autres peuples ne sont pas des hommes, car leurs âmes viennent de l'esprit impur, et les âmes d'Israël viennent de l'esprit de Dieu. »

Jalkut (10) écrit dans le même sens, que les Israélites sont appelés des hommes, et que les idolâtres (par conséquent les chrétiens, puisqu'ils adorent « une idole » sont appelés des cochons parce qu'ils viennent de l'esprit impur).

C'était aussi l'avis du célèbre rabbin Edels (11) au dire de qui le psalmiste « fait du non-Juif l'égal de l'impur cochon des forêts. »

---

1. — *P.*, Dr. Rohlhig, etc., p. 60.
2. — *Ibid.*
3. — *Tr. Berach*, 25, 2.
4. — *Tr. Berach*, 4, f. 230, 4.
5. — *Polemik*, p. 11.
6. — Prof. Rohling, etc. 72.
7. — *Leb. tob.*, f. 46, 1.
8. — *Sira*, f. 8, 2.
9. — *L. c.*, f. 14, 4, par. 1.
10. — *Jalk. rub.*, f. 10, 2.
11. — *Polemik*, 10.

Aussi :

« La femme qui sort du bain doit se laver de nouveau si la première chose qu'elle voit est un objet impur, comme un chien, un âne, un fou, un non-Juif, un chameau, un cochon, un cheval ou un lépreux (1). »

Chien, âne ou porc, le non-Juif n'est autre chose qu'un animal :

« Sa semence est comptée comme semence de bêtes (2) et une femme étrangère qui n'est pas fille d'Israël, est, dit Abarbanel, une bête (3). »

Ce n'est que par une disposition toute spéciale de la délicatesse divine à l'égard des Juifs que les autres hommes ont reçu la forme humaine, en effet :

« Dieu créa les non-Juifs avec la forme humaine en l'honneur des Juifs, car les non-Juifs n'ont été créés que pour servir les Juifs nuit et jour sans se détourner de leur service ; or il ne convient pas qu'un prince soit servi par un animal ayant sa forme d'animal, mais bien par un animal ayant une forme humaine (4). »

C'est pourquoi :

« Quand la servante ou le domestique chrétien d'un Juif vient à mourir, on ne lui offre pas de condoléances comme pour la mort d'un homme, mais comme si un de ses animaux venait de crever (5). »

C'est pour la même raison :

qu'« il est défendu au Juif de louer la science ou la vertu d'un chrétien, à moins qu'il ne le fasse avec la même disposition d'esprit que s'il louait la force physique ou la beauté d'un animal, auquel le non-Juif est identique (6). »

D'accord avec la tradition, le rabbin Nathansohn, mort à Lemberg il y a trois ans et en grande vénération dans le judaïsme, donnait ce conseil qui serait curieux si les textes précédents ne fixaient pas son véritable sens :

---

1. — Radenhausen, Esther, *Die Semitische Unmoral*, etc., p. 13, x.
2. — *Polemik*, 10.
3. — *Matk. h. in* p. tavo.
4. — *Polemik*, p. 12.
5. — Prof. Rolling ; etc., p. 64.
6. — Prof. Rohling, etc., p. 63.

« Il est prudent de s'abstenir du théâtre quand il y a ballet, car on peut être conduit à *deux péchés* : d'abord le costume des danseuses provoque à la luxure, et secondement leur beauté pourrait amener à les louer, ce qui est défendu si elles sont non-Juives (1). »

En vertu de ces principes, tous ceux qui ne sont pas juifs, tous ceux surtout qui se sont éloignés du judaïsme, comme Jésus-Christ, qui, suivant le Talmud (2) tomba dans l'idolâtrie et en séduisit plusieurs, — tous ceux-là doivent renoncer à être reconnus comme prochain par les Juifs. On n'exerce pas l'amour du *prochain* envers un animal.

Le païen qui ne se fait pas Juif et le chrétien qui reste fidèle à Jésus-Christ, sont au point de vue du Juif des ennemis de Dieu et des ennemis des Juifs.

C'est pour cela que le Talmud dit que cette parole de la Bible : Dieu ne ressent pas de colère (*Isaïe*, 27, 4), s'applique aux Juifs, et que cette autre parole : Dieu entre en courroux, s'applique aux peuples de la terre (3).

Le nom de Sinaï, dit le Talmud (4), signifie que la haine est descendue sur les peuples de la terre. C'est pourquoi le Talmud (5) trouve que c'est à eux que se rapporte cette autre parole :

« Tu ne leur témoigneras pas de bonté. »

Et ailleurs (6) :

« Il est défendu d'avoir compassion d'un homme qui est privé de raison. »

De même Rabbi Gerson (7) :

« Il ne convient pas que l'homme de bien ait pitié du méchant. »

Et Abarbanel (8) :

« Il n'est pas juste d'user de miséricorde envers ses ennemis. »

---

1. — Prof. Rohling, etc., p. 63.
2. — *Aboda*, s. 26, 2, V.
3. — *Aboda*, s. f. 4, 1.
4. — *Tr. Schab.*, f. 89, 1.
5. — *Tr. Jebam*, f. 123, 4.
6. — *Tr. Sanh.*, f. 92, 1.
7. — *Id.*
8. — *Mark. ham.*, f. 77, 4.

Il est encore permis, suivant le Talmud, aux amis et aux parents de Dieu de tromper les impies, car il est écrit : tu seras pur avec ceux qui sont purs, et pervers avec les pervers (1).

> « Comme un Maure se distingue de toutes les créatures, ajoute encore Rabbi Eliézer (2), ainsi Israël se distingue des peuples de la terre par ses bonnes œuvres. »
>
> « En conséquence, dit le Talmud (3), il est défendu de saluer les impies. »

Mais c'est vraiment une perle que le précepte suivant, selon lequel :

> « L'homme doit en tout temps être rusé dans la crainte de Dieu (4). »

C'est pourquoi on salue aussi l'étranger, qui n'est pas Juif, mais en vue de la paix, pour se faire bien venir et n'avoir pas de contestation (5).

> « Ainsi entendue, dit Bechai (6) l'hypocrisie est permise :
> « L'homme (c'est-à-dire le Juif) peut se montrer poli et déférent envers l'impie (c'est-à-dire le non-Juif) ; il peut lui dire qu'il l'aime ; cela est permis, dit Bechai (7), si l'homme (c'est-à-dire le Juif) le juge nécessaire et s'il a peur.

Car le Talmud enseigne :

> « Il est permis d'être hypocrite avec les impies (8). »

Or, ces impies sont tous les peuples de la terre, tous ceux qui ne sont pas Juifs, Tout le bien qu'ils peuvent faire, les aumônes qu'ils peuvent distribuer, la charité qu'ils exercent, tout, dit le Talmud (9), leur est compté comme péché, car ils ne le font que pour se grandir : chose du reste assez naturelle, car tous les incirconcis sont, pour le Talmud, des païens, des gens sans foi, des gredins (10), et la

---

1. — *Tr. Baba*, b. f. 123, 1. ; *Tr. Megilla*, f. 13, 2.
2. — *Perke, cf.* 53.
3. — *Tr. Gittin*, f. 62, 1
4. — *Tr. Berach*, f. 17, 1.
5. — *Ibid.*, et *Tr. Gittin*, f. 61, 1.
6. — *Kad. hak.*, f. 30, 1.
7. — *Tr. Sota*, f. 41, 2,
8. — *Tr. Baba b.*, f. 10, 2.
9. — *Tr. Nedarim*, f. 31, 2 ; pes., f. 92, 1.
10. — *Tr. Aboda*, s. f. 27, 1.

circoncision des Turcs eux-mêmes ne les met pas en dehors de cette catégorie, car elle n'est pas la bonne (1).

C'est pourquoi il est enseigné (2) qu'un Juif qui rencontre un non-Juif peut le saluer en disant : Que Dieu t'assiste, ou, que Dieu bénisse ton travail, pourvu qu'il pense à part lui que le Dieu des chrétiens ne peut rien, et qu'il se moque intérieurement du chrétien en exprimant ce souhait.

C'est pourquoi encore le Juif peut faire du bien aux chrétiens, visiter leurs malades, ensevelir leurs morts, comme l'enseigne le Talmud, mais uniquement en vue de la paix, et par crainte de s'attirer leur colère (3).

C'est pourquoi enfin Rabbi Cahana joignant l'exemple au précepte, avait coutume de saluer les non-Juifs par ces mots : Que la paix soit avec vous, mais en dirigeant son intention vers son maître et non vers le non-Juif.

---

1. — Pr. Rohling, etc., p. 71, 5.
2. — *Tr. Gittin*, f. 61, 1.
3. — *Meine Antworten*, etc., p. 27.

II

LA PROPRIÉTÉ ET LA DOMINATION UNIVERSELLE

Dieu a donné la terre aux Juifs. — D'où découle ce principe qu'ils ont le droit de prendre et de voler. — Application curieuse du principe.

Du moment qu'Israël et la majesté divine sont, d'après le Talmud, une seule et même chose, il est naturel que le monde entier appartienne de droit aux Juifs. Aussi le Talmud dit-il expressément :

« Si le bœuf d'un Juif frappe le bœuf d'un étranger, le Juif ne doit rien ; mais si le bœuf d'un étranger frappe le bœuf d'un Juif, l'étranger doit payer tout le dommage. Car l'Écriture dit : Dieu se leva et mesura la terre et livra les païens aux Juifs ; il vit les sept commandements des enfants de Noé, et parce que ceux-ci ne les avaient pas gardés, il se leva et livra leur bien aux Juifs [1]. »

Or les enfants de Noé ne sont autres, suivant le Talmud, que les peuples de la terre par opposition aux enfants d'Abraham qui sont les Juifs [2]. C'est pour cela que Rabbi Albo, d'accord avec d'autres rabbins, déclare que :

« Dieu donna toute puissance aux Juifs sur les biens et le sang de tous les peuples [3]. »

Parole que le Talmud [4] explique avec clarté, car :

---

1. — *Tr. Baba k.*, f. 37, 2, f.
2. — *Tr. Megilla*, f. 13, 2 ; *Schek.*, f. 7. 1 ; *Sota*, f. 36, 2 ; *Kad. hak.*, f. 56, 4 ; *Bechai* sur la *Gen.*, 46, 27, f. 56, 1.
3. — *Seph. Jk.*, cf. 25 ; — *Jalk. Schim.*, f. 83, 3, n. 563.
4. — *Tr. Jebam*, f. 47, 2.

> « Un enfant de Noé qui vole serait-ce moins d'une obole, doit être mis a mort. »
> « Le vol est défendu à un enfant de Noé, »

et, bien que celui-ci soit égal à un grand prêtre quand il pratique l'étude des sept commandements de Noé (1), cependant :

> « L'enfant de Noé n'est jamais mieux préservé de voler que si on le met à mort (2). »

Par contre il est permis à un Israélite, dit le Talmud (3), de faire du tort à un non-Juif, car il est écrit :

> « Tu ne feras pas de tort à ton prochain, et non pas : Tu ne feras pas de tort au non-Juif. »
> « Dépouiller un païen, dit derechef le Talmud, est chose permise (4). »

Et il ajoute ce précepte digne de remarque :

> « Tu n'opprimeras pas ton ouvrier s'il est un de tes frères, mais les autres seront exceptés (5). »

Rabbi Aschi confirmait ces préceptes par l'exemple, car, dit le Talmud, il vit une vigne chargée de raisin, et il dit à son serviteur :

> « Si la vigne appartient à un étranger apporte-moi le raisin ; si elle est à un Juif, n'y touche pas (6). »

Le commandement : Tu ne voleras pas, signifie, suivant l'aigle Maimonides qu'on ne doit pas voler un homme, c'est-à-dire un Juif (7), et ailleurs, il déclare expressément qu'il est permis de voler celui qui n'est pas Juif (8).

Tous ces enseignements s'accordent pleinement avec le principe fondamental que le monde entier appartient aux Juifs : dès lors le vol n'est plus le vol, et si un rabbin talmudiste vient à dire que le vol est un péché, il n'en pense pourtant pas moins à part lui, qu'un Juif ne peut pas voler, qu'il reprend simplement ce qui est à lui,

---

1. — *Sanh.*, f. 59, 1 ; *Aboda*, s. f. 3, 1. Tos.
2. — *Tr. Aboda*, s. f. 71, f. 2. Tos.
3. — *Tr. Sanh.*, f. 57, 1. Tos.
4. — *Tr. Baba*, m. f. 111, 2.
5. — *Ibid.*
6. — *Tr. Baba k.*, f. 113, 2.
7. — *Seph. miz.*, 105, 2.
8. — *Jad. chas.*, 4, 9, 1.

naturellement autant que les circonstances s'y prêtent et autant qu'il en a le pouvoir. Un rabbin peut même dire : il est également défendu de voler un étranger et un Juif, mais il pensera toujours intérieurement : en admettant qu'il pût être question de voler un non-Juif.

Car :

« L'argent du non-Juif est un bien sans maître, en sorte que le Juif a le droit d'en prendre possession (1). »

Ces principes font comprendre la véritable portée de divers actes et pièces rapportés dans *la Russie Juive* (2). On y voit les autorités juives vendre à tel ou tel Juif le droit d'exploiter la propriété de tel ou tel chrétien c'est-à-dire d'employer tous les moyens possibles pour s'en emparer sans qu'un autre Juif ait désormais le droit d'y prétendre. Le bien qui jusque-là n'était que d'une manière générale et théorique la propriété d'Israël, devient la propriété particulière du Juif dès que l'acte est signé. Il ne reste plus à celui-ci qu'à faire le nécessaire pour entrer dans la jouissance de son bien. Ce bien, il est vrai, est entre les mains d'un chrétien, mais ce n'est que par suite d'une usurpation et d'un désordre qui trouveront leur fin, quand par un moyen ou par un autre, le Juif aura dépouillé le chrétien. Quant au droit de celui-ci il n'est même pas discuté : ce n'est qu'un obstacle physique et rien de plus.

Quoique le chrétien et son avoir soient la propriété exclusive du Juif qui a payé le droit d'exploitation, il est quelquefois permis un autre d'intervenir.

En effet :

« Plusieurs autorisent un second Juif à se mettre en relations avec ce non-Juif, à faire des affaires avec lui, à lui prêter de l'argent, à le circonvenir, à le pressurer, car le bien d'un non-Juif est comme un bien sans maître et chacun (c'est-à-dire tout Juif) a le droit de s'en saisir (3). »

Mais dans ce cas, le second Juif est tenu de partager avec le premier, car :

---

1. — Prof. Rohlin, etc., p. 51, 4.
2. — K. de Wolski, *la Russie Juive*, p. 119 et suivantes.
3. — Prof. Rohling, etc., p. 51.

« Quand deux Juifs sont associés dans une affaire et que l'un d'eux a trompé, volé ou dépouillé un non-Juif, il est obligé de donner la moitié du profit à son compagnon (1). »

Pfefferkorn ne s'éloigne donc aucunement de la vérité en écrivant :

« Le bien des chrétiens est pour les Juifs comme un bien abandonné, comme le sable de la mer : le premier qui s'en empare est le véritable possesseur (2). »

Et le Talmud qui est inépuisable sur ce sujet dit avec esprit :

« Israël est comme la maîtresse de la maison à qui son mari apporte de l'argent ; ainsi Israël sans supporter le poids du travail reçoit l'argent de tous les peuples de la terre (3). »

---

1. — *Ibid.*
2. — *Dissert. philol.*, p. 11.
3. — *Polemik*, etc., p. 16.

III

LA FRAUDE

Théorie du procès entre Juifs et non-Juifs. — Ce que veut dire *profaner le nom de Dieu*. — Exemples donnés par les rabbins — Le jour du Sabbat.

Le Talmud dit :

« Tu peux tromper un étranger et exercer l'usure sur lui, mais si tu vends, ou si tu achètes quelque chose à ton prochain (c'est-à-dire à un Juif), tu ne dois pas tromper ton frère [1]. »

« Quand un Juif a un procès avec un non-Juif, dit aussi le Talmud, tu fais gagner ton frère et tu dis à l'étranger : Ainsi le veut notre loi (il s'agit ici d'un pays où les Juifs gouvernent) ; si les lois des peuples sont favorables au Juif, tu fais encore gagner ton frère et tu dis à l'étranger : Ainsi le veut votre propre loi. Si aucun des deux cas ne se présente (si les Juifs ne sont pas maîtres du pays ou s'ils n'ont pas la loi pour eux, alors il faut circonvenir les étrangers au moyen d'intrigues), jusqu'à ce que le gain reste au Juif.

Là-dessus viennent les « *Paroles de Rabbi Ismaël* », d'après lequel Akiba aurait enseigné qu'en ces sortes d'affaires il fallait prendre garde de se laisser prendre, de peur que la religion juive n'y perdît de son renom [2].

Il est intéressant de remarquer comment la littérature rabbinique exprime cette dernière pensée.

Compromettre le judaïsme en se faisant prendre en flagrant délit de parjure, de vol, de mensonge, c'est « profaner le saint nom de Dieu. »

---

1. — *Tr. Baba*, m. f. 61, 1. Tos. *Tr. Megilla*, 13, 2.
2. — *Tr. Baba*, k., f. 113, 1,

Ainsi, on peut, dit Raschi, frauder un douanier non-Juif pourvu que le nom de Dieu ne soit pas profané, pourvu que le douanier ne s'aperçoive pas que l'on a menti en jurant qu'il n'y avait rien [1].

Rabbi Ismaël de Narbonne se demande comment on peut justifier le parjure puisque Akiba défend de circonvenir le non-Juif par intrigue à cause de la sainteté du nom de Dieu : C'est, répondit-il, que Akiba n'a rien voulu dire sinon qu'on doit faire en sorte de ne pas être découvert par le non-Juif [2].

Le Talmud raconte de Rabbi Samuel, l'un de ses plus grands patriarches, qu'il était d'avis qu'on pouvait voler un non-Juif : lui-même avait acheté à l'un d'eux une bouteille en or que le non-Juif croyait en cuivre, il ne l'avait payée que quatre drachmes et encore avait-il soustrait une drachme au vendeur.

Rabbi Cahana acheta cent vingt tonneaux de vin à un non-Juif au lieu de cent qu'il lui paya. Un troisième rabbin ayant vendu à un non-Juif des troncs d'arbres destinés à être fendus, appela son domestique et lui dit : Va, retranche quelque chose à chaque tronc d'arbre, le Goy sait bien leur nombre, mais il ne sait pas exactement leur épaisseur [3].

Mais c'est assurément une prescription de la prudence sacrée que cette parole de Rabbi Mose [4] :

> « Si un non-Juif fait un compte et se trompe, l'Israélite doit dire : Je ne sais pas, mais il ne convient pas de tromper le non-Juif dans le cas où il pourrait se laisser tromper volontairement pour mettre le Juif à l'épreuve. »

Le vieux Rabbi Brentz écrit dans son *judenbalg* [5] : quand les Juifs ont couru çà et là toute la semaine pour tromper les chrétiens, ils se rassemblent aux sabbat, ils se vantent entre eux des tours qu'ils ont joué et disent : Il faut arracher le cœur du corps des chrétiens et mettre à mort le meilleur d'entre eux.

---

1. — Prof. Rohling, etc., p. 58.
2. — *Id.*, p. 58-59.
3. — *Baba*, k. 113, 1.
4. — *Seph. miz.*, g. f. 132, 3.
5. — Friedrich Brentz, *Jüdisch abgestreifter Schlangenbalg*. Nurnberg, 1880.

IV

OBJETS TROUVÉS

Il est défendu de les rendre. — Raisons de cette défense.

Le Talmud (1) dit :

« Si quelqu'un rend à un Goy ce qu'il a perdu, Dieu ne lui pardonnera pas. »

Et (2) :

« Il est défendu de rendre à un Goy ce qu'il a perdu. »

C'est pourquoi Rabbi Mose enseigne aussi (3) qu'il est défendu de rendre les objets perdus aux hérétiques, aux idolâtres et à tous ceux qui profanent publiquement le sabbat.

« Quand un Juif, est-il dit ailleurs (4) donne des renseignements sur un autre Juif en fuite pour ne pas payer l'argent dont il est redevable à des non-Juifs, on ne le traite pas à vrai dire comme le dénonciateur (qui est mis à mort), puisque ce Juif doit réellement les sommes ; mais ce n'en est pas moins une grande impiété de la part de celui qui donne le renseignement ; il n'est pas moins coupable que s'il avait rendu un non-Juif un objet perdu. C'est pourquoi il est tenu de dédommager l'autre Juif de tout ce qu'il lui a fait .perdre par les indications données. »

Rabbi Jerucham (5) dit de même :

« Quand un non-Juif tient en main le titre d'un Juif, sur lequel il a prêté de l'argent à ce Juif et qu'il vient à le perdre, le Juif qui le

---

1. — *Traités Sanhedrin*, f. 76 b. ; *Baba Kamma*, 113, b.
2. — *Tr. Joma*, f. 88, 4.
3. — *Loc. cit.*, f. 132, 3.
4. — *Pr.* Dr. Rohling, etc., p. 67.
5. — *Sepher mesch.*, 51, 4.

retrouve ne doit pas le lui rendre, car l'obligation n'existe plus dès qu'un Juif a retrouvé le titre. Si le trouveur dit : Je veux le lui rendre à cause du saint nom de Dieu, on doit lui répondre : Si tu veux honorer le nom de Dieu, fais-le avec ce qui t'appartient. »

Or, il faut se rappeler ce que les rabbins entendent par ces paroles *honorer le nom de Dieu, profaner le nom de Dieu*. Profaner le nom de Dieu, c'est compromettre la bonne réputation d'Israël en se laissant convaincre de parjure, d'adultère, de vol, etc. On trouvera aisément cent exemples de cette façon de parler. Honorer le nom de Dieu, c'est au contraire glorifier le judaïsme devant le monde par la parade de vertus comme la charité, l'humanité, la philanthropie, etc.

Ces préceptes sont légitimés par maintes raisons.

Le fameux Baschi (1) explique que :

« Celui qui rend à un non-Juif la chose perdue, le met au même rang qu'un Israélite. »

Et l'aigle Maimonides (2) ajoute :

« Celui qui rend au non-Juif ce qu'il a perdu commet un péché, car il augmente la puissance des impies. »

Enfin, un Juif qui agit ainsi, dit encore Raschi (3), se comporte comme s'il aimait un Goy :

« *Et celui qui aime un Goy, hait son propre créateur.* »

---

1. — Sur le *Tr. Sanhedrin*, loc. cit.
2. — *Jad.*, ch. 4, 11, 3, 1. 31, 1.
3. — Rohling. *Polemik*, etc., 20.

V

DE L'USURE

Théorie chrétienne du prêt. — Falsification de la loi de la Bible par les rabbins. — Leur mauvaise foi évidente. — Exemple des rabbins. — Hypocrisie de leurs prétextes. — Éducation des enfants juifs touchant l'usure.

La loi de Dieu oblige celui qui possède à venir en aide à celui qui est dans le besoin, soit en donnant, soit en prêtant.

Prêter, c'est abandonner à un autre une chose susceptible d'être utilisée pour que cet autre la mette en usage : en retour de la chose prêtée, l'emprunteur s'engage à rendre à une époque fixée, une chose de même nature et de même prix, comme équivalent de ce qu'il a reçu.

Il serait injuste que le prêteur exigeât de l'emprunteur qui n'a pas accru son avoir par l'usage de l'objet prêté, plus que cet exact équivalent ; car il n'a donné que ce que l'autre a employé, et cela seul qu'il a donné lui appartient. Exiger davantage serait de l'usure.

Mais il arrive souvent que par suite de la non-possession temporaire du bien prêté, le prêteur souffre un dommage, court un risque ou se voit privé d'un gain. Ce dernier cas est fréquent s'il s'agit de choses dites *productives*.

Dans ces cas, le prêteur peut, s'il n'est pas obligé au devoir de l'aumône, réclamer plus qu'un équivalent pur et simple, puisqu'il a donné plus que l'objet lui-même.

Ce surplus est un intérêt légitime tant qu'il reste en proportion avec le risque couru, le dommage souffert, ou la privation du gain attachée à la productivité de la chose prêtée : sinon il y a usure.

Considéré de près, l'argent n'est pas la chose productive, à moins que la privation temporaire du capital ne cause un dommage au prêteur.

Pour un surplus que le prêteur donne avec l'objet dans l'un des cas énoncés, le Juif ne devait exiger du Juif aussi bien que de l'étranger qu'un intérêt justement proportionné. En vertu de son droit souverain, droit par lequel il assigna Chanaan aux Juifs comme leur propriété, Dieu permit aux Juifs de l'Ancien Testament d'exiger des non-Juifs un surplus en outre de l'équivalent de la chose prêtée, même dans le cas de l'usage pur et simple de la chose, c'est-à-dire dans le cas où le prêteur ne donne que la chose elle-même sans le surplus qui peut lui être attaché par suite des circonstances indiquées : Dieu le permit, mais ce n'était qu'une anomalie ayant sa raison d'être dans les circonstances historiques d'alors. En outre, il allait sans dire que ce surplus autorisé par dispense spéciale devait être en rapport avec la chose prêtée, avec le service rendu, avec la situation de l'étranger, car dans le cas contraire, c'eût été exploiter la gêne du prochain.

Maintenant, que dit le rabbinisme ?

Moïse *permettait*, comme nous venons de le montrer, de demander au non-Juif un intérêt, justement mesuré, cela va sans dire, dans le cas où l'on n'avait prêté que l'objet pur et simple, et en dehors des cas où le surplus est de fait lié à la chose prêtée : « Tu pourras exiger un intérêt de l'étranger, » disait-il [1].

Par contre, toute une série de rabbins infaillibles enseigne que Moïse a dit :

« Tu devras exiger un intérêt de l'étranger. »

L' « aigle » Maïmonides écrit [2] :

« Dieu nous a *ordonné* d'exercer l'usure envers le non-Juif, et de ne lui prêter que dans ce cas (quand il consent à payer l'intérêt) de façon que nous ne lui prêtions pas assistance, mais qu'au contraire nous lui fassions du tort, même en cette circonstance où il nous est utile (puisque nous bénéficions de l'intérêt usuraire), choses qu'il n'est pas permis de faire à un Israélite. »

---

1. — *Deutér.*, 23-30.
2. — *Seph. mizv.*, f. 73, 4.

« La parole de Moïse, dit un autre rabbin (1), est une injonction *impérative*. »

Le Talmud déclare de même (2) :

« *Il est défendu de prêter aux non Juifs sinon à usure, mais à usure, on en a le droit* », enseignement que reproduisent Levi ben Gerson (3) et beaucoup d'autres.

En contournant ainsi le texte de l'Écriture, on n'était plus qu'à un pas de la hausse la plus injuste de l'intérêt dans le cas du simple usage du prêt, aussi bien que dans les cas où le prêteur concède avec l'objet le surplus déjà défini.

Le célèbre Bechai s'exprime quelque part d'une façon qui montre bien qu'on ne se trompait aucunement sur la pensée de Moïse, et qu'on avait parfaitement conscience du sens vrai de sa parole, laquelle n'autorisait que l'intérêt légitime : il écrit en effet (4) :

« Les rabbins de bienheureuse mémoire nous ont dit que l'on ne pouvait prendre aux non-Juifs que l'intérêt suffisant pour assurer la subsistance (du Juif). »

Mais possédé de l'esprit de contradiction et gonflé par le sentiment de son infaillibilité personnelle, le même homme disait du Juif apostat et en général du non-Juif en s'adressant au vrai Juif :

« *Sa vie est entre tes mains, et plus forte raison donc son argent* (5) *!* »

Précepte qui comporte évidemment l'élévation illimitée du taux, qui légitime le vol et le pillage, puisqu'il met notre sang et nos biens à la merci du Juif.

Le Talmud rapporte encore :

« Samuel a dit que les sages (les savants rabbins) peuvent se prêter l'un à l'autre à usure. Pourquoi donc ? car vous savez bien que l'usure est défendue. C'est que l'intérêt usuraire n'est autre chose qu'un présent fait par l'un à l'autre en reconnaissance du service rendu. Samuel a dit à ben Ihi :

---

1. — *Psikta rab.*, f. 80, 3. Teze.
2. — *Tr. Aboda*, s. f. 77, 1 pisk. Tos. 1.
3. — Sur le *Pentat.*, f. 234, 1. Teze.
4. — Sur le *Pentat.*, f. 213, 4. Teze.
5. — Sur le *Pentat.*, f. 214, 1.

« Prête-moi cent livres de poivre pour cent-vingt, car cela est juste (à titre de cadeau) comme témoignage de reconnaissance.

« Rab Jehuda déclare que Rab a dit qu'il était permis à l'homme (c'est-à-dire au Juif) de prêter à usure à ses enfants et ceux de sa maison, pour qu'ils pussent apprécier le goût de l'usure (1). »

Ce passage est rempli de précieux renseignements.

En premier lieu, il n'y est pas question de l'intérêt légitime, puis qu'il y est parlé de « l'usure défendue » à tous par Moïse et aux docteurs comme aux autres. Il s'agit donc de l'intérêt illégitime en premier lieu parce qu'il s'applique au cas de l'usage pur et simple de l'objet prêté comme le prouve l'exemple du poivre, et secondement parce que le taux de 20 p. 100 dépasse toutes les limites permises. En troisième lieu, le passage contient sous ce prétexte du cadeau offert un jeu hypocrite et coupable, car Moïse a défendu l'usure entre Juifs, et l'usure déguisée aussi bien que l'usure avouée ; il a proscrit le péché et n'a pas fait exception pour le péché caché. On saisit sur le vif le procédé par lequel le rabbinisme conserve et interprète la Bible.

Enfin, le même passage renferme un système perfidement conçu pour dresser les enfants à l'usure. Car si le rabbin offre au rabbin un intérêt illégitime de 20 p. 100, comme « chose loyale et équitable », quel zèle n'emploiera-t-on pas pour inspirer aux enfants le goût de l'usure et tout particulièrement envers l'étranger ?

Grâce à cette éducation séculaire, ils parviennent en prêtant soixante-dix thalers — comme on l'a vu récemment à Münster — à se faire signer un reçu de 100 thalers et à se faire payer un intérêt de 8 p. 100 pour cette dernière somme : il n'y a pas lieu d'en être surpris. Rabbi Kroner se console de ces accidents en observant qu'en matière d'intérêt les idées des hommes d'état d'aujourd'hui sont fort différentes de celles que nous défendons. Apparemment aussi il trouve les faits de ce genre fort innocents.

Abarbanel ne dissimule pas que les Juifs interprètent la loi dans le sens d'un intérêt élevable à volonté, mais il s'excuse en disant :

> « Parmi les étrangers que nous avons le droit de soumettre à la pratique de l'usure, nous ne comprenons pas les chrétiens qui ne sont pas étrangers aux yeux du Père céleste » ;

---

1. — *Tr. Baba*, m. f. 75, 1.

Puis, ce même grand Abarbanel, en son temps ministre des finances d'Espagne, déclare que s'il a ajouté que les chrétiens n'étaient pas des étrangers, il n'a prononcé ces paroles *qu'en vue de la paix*, et afin que les Juifs pussent vivre en paix et sans conflit parmi les chrétiens (1). En vérité Abarbanel avait fort bien étudié la théorie de l'hypocrisie permise !

Pareillement, un autre rabbin écrit sans détour :

« Nos sages ont dit la vérité quand ils nous ont permis d'exercer l'usure à l'égard des chrétiens et des non-Juifs (2). »

On ne peut donc que reconnaître la vérité de ce que disait Schwabe, rabbin converti (3) :

« Quand un chrétien a besoin d'argent, le Juif s'entend merveilleusement à le circonvenir : il ajoute intérêt usuraire à intérêt usuraire, jusqu'à ce que le chrétien en arrive à ne le plus pouvoir payer sans se dessaisir de ses biens, ou encore jusqu'à ce la somme s'élève à un chiffre proportionné à ce que le chrétien peut avoir : alors le Juif sait réclamer au moment voulu et, avec l'aide des tribunaux, il entre en possession de l'avoir du chrétien. »

---

1. — *Mark. hammisch*, f. 77, 4. Teze.
2. — *Maggen Abrah.*, cf. 72.
3. — *Jüdischer Deckmantel*, p. 171.

VI

LES PERSONNES ET LA VIE DES NON-JUIFS

> Il est permis de tuer ceux qui ne sont pas Juifs. — C'est même un devoir quand on le peut. — Exemple de la fosse et hypocrisie dont il faut user. — Ces règles regardent les chrétiens et tous les autres païens. — Faits historiques relatés par les livres juifs.

Il est enseigné (1) que quand un cohen (prêtre juif) a tué un homme, il ne lui est plus permis de donner la bénédiction sacerdotale, laquelle se donne en élevant les mains, et cela, quand même il aurait commis le meurtre involontairement et quand même il en aurait fait pénitence. Les commentaires motivent cette disposition en disant qu'il ne convient pas de bénir avec la main qui a tué un homme. Cependant, remarque Schaàre Teschube, il lui est toujours permis de bénir quand la personne tuée n'est qu'un non-Juif, quand bien même il l'aurait tué avec intention. On voit déjà que le meurtre du non-Juif n'est pas un péché, mais bientôt nous apprendrons qu'il est de plus une œuvre bonne et agréable à Dieu.

En effet (2) :

> « Il est écrit des peuples de la terre : leur chair est la chair des ânes et, leur semence la semence des bêtes, et à cause de cela les Juifs bénis sont les enfants de la vérité et la souche qui fut parfumée sur le mont Sinaï en sorte que toute malpropreté fut éloignée d'eux : ils ont tous été parfumés, de sorte qu'ils sont tous entrés dans l'alliance sainte, pour rester parfaits nuit et jour en toute manière, tandis que l'impureté ne s'éloigne que difficilement des peuples de

---

1. — Prof. Rohling, etc., p. 53.
2. — *Polemik,* etc., p. 19-20.

la terre et reste attachée à eux jusqu'à la troisième génération (1) ; c'est pour cela que nous avons reçu cet enseignement : *extermine le meilleur d'entre les non-Juifs.* »

Le Talmud dit encore (2) :

« Ôte la vie au plus honnête des idolâtres. »

Et quelques pages plus loin (3) :

« Si l'on retire d'une fosse le païen qui y est tombé, on conserve un homme à l'idolâtrie. »

« Si un païen tombe dans une fosse, on recouvre la fosse avec une pierre, »

et Raschi ajoute que :

« L'on doit rendre vains tous les moyens que celui-ci peut employer pour en sortir (4). »

Car, dit l'aigle Maimonides :

« Il est défendu d'avoir compassion d'un idolâtre, c'est pourquoi, quand on le voit tomber dans une rivière ou en danger de mort, on ne doit pas le sauver (5). »

Diverses raisons justifient ces préceptes rigoureux. Ainsi :

« Les sept peuples de Chanaan qui devaient être exterminés par les Juifs ne disparurent pas entièrement, mais se perdirent parmi les autres peuples de la terre : c'est pour cela que Maimonides enseigne de frapper de mort tout non-Juif, quand on en a le pouvoir. Car ce non-Juif peut précisément être un rejeton de ces sept peuples, et le Juif transgresse la loi, toutes les fois que, pouvant tuer, il ne tue pas : le précepte de l'extermination des sept peuples s'applique à tous les temps (6). »

D'ailleurs :

« Quiconque nie une parcelle de la croyance juive est un hérétique et un Épicurien et l'on est tenu de le haïr, de le mépriser et de l'anéantir : car il est dit : Ne dois-je pas haïr, seigneur, ceux qui vous haïssent (7) ? »

---

1. — Après leur conversion au judaïsme.
2. — *Aboda*, s. f. 26, 2. ; Tos. et Soph., édit. de Venise, 18, 3.
3. — *Aboda*, s. f. 20, 1. Tos.
4. — *Polemik*, etc., p. 20.
5. — *Jad. chas.*, 1, 10, 1, f. 40, 1.
6. — *Polemik*, etc., p. 20.
7. — Abarbanel, *rosch. am.*, f. 9, 1. ; Maimonides, sur le *Sanhedrin*, 121, 2.

« Quiconque veut tuer un animal et tue un homme par méprise, quiconque veut tuer un païen (ou un étranger, suivant d'autres versions) et par méprise tue un Israélite, celui-là est innocent (1). »

Or, il est dit maintes fois que le meurtre d'un Israélite est le plus horrible des crimes : il faut donc que l'intention soit bien méritoire pour excuser une action aussi criminelle.

Il est permis, dit le Talmud (2), de tuer celui qui nie Dieu.

« Quand un hérétique ou un traître, enseigne-t-il encore (3) tombe dans une fosse, on ne l'en retire pas. S'il y a une échelle dans la fosse, on l'enlève et l'on dit : Je l'ôte de peur que mon bétail ne descende ; ou bien, s'il y avait une pierre sur l'ouverture de la fosse, on l'y replace en disant : Je fais ainsi afin que mon bétail puisse passer là... etc. »

Il est juste, dit encore le Talmud (4) d'exterminer de sa main tout hérétique. Celui qui répand le sang des impies, disent les rabbins (5), offre un sacrifice à Dieu.

Mais qui faut-il comprendre sous ce nom d'impies, demande le Talmud ? — « Sous ce nom, répond Rabbi Eliéser, on comprend Jésus et ses partisans. » Mais Rabbi Jehoschua démontre que ce titre ne désigne pas seulement Jésus et ses adeptes, mais tous les païens sans exception (6).

Comme il est tout naturel qu'une attaque même supposée, contre Juda, suffise pour rendre un homme tout particulièrement impie, on conçoit que ma vie soit doublement compromise. Un anonyme juif m'écrivit de Hamm que je devrais mourir pendu comme Aman. Un autre Juif m'envoya de Kreuzthal de semblables menaces : Nous regardons comme une œuvre agréable à Dieu de t'ôter de notre chemin ; c'est par nos mains que tu seras enlevé de cette terre. Dans la suite des lettres du même genre me parvinrent en masse (7).

---

1. — *Traité Sanhedrin*, f. 78, 2.
2. — *Tr. pes.*, f. 122, 2. Tos.
3. — *Tr. Aboda*, s. f. 26, 2.
4. — *Tr. Aboda*, s. f. 4, 2.
5. — *Jalk. Schim.*, f. 215, 3. Sur le *Pentat.* ; *Bemidb*, r., p. 21, f. 229, 3.
6. — Prof. Rohling, etc., p. 54, 3.
7. — *Id.*

Le commandement : tu ne tueras pas, signifie qu'on ne doit pas tuer un homme d'Israël, dit l'aigle Maimonides (1).

Ceux qui nient l'enseignement d'Israël, particulièrement les adeptes du Nazaréen, doivent être mis à mort, et c'est toujours une bonne œuvre que de les exécuter ; si on ne le peut pas, on doit tâcher d'occasionner leur mort (2).

Tout cela est juste, car la captivité d'Israël doit durer tant que les dominateurs étrangers ne seront pas anéantis (3).

C'est pourquoi ceux qui auront mis à mort des chrétiens, des étrangers, des non-Juifs trouveront leur récompense éternelle dans le quatrième palais du paradis (4).

Mais celui qui tue une âme d'Israël, dit le Talmud (5), sera jugé comme s'il avait tué le monde entier, et celui qui sauve une âme d'Israël, comme s'il avait sauvé le monde entier...

C'est pour cela que le Talmud écrit encore et que l'Aigle répète :

« Un enfant de Noé (un non-Juif par conséquent) qui blasphème, qui s'adonne à l'idolâtrie ou qui tue un autre non-Juif ou qui dort avec sa femme, est innocent s'il accepte la foi juive après avoir commis ses fautes, mais s'il tue un Israélite et se fait Juif, il est coupable et doit être mis à mort à cause de cet Israélite (6). »

Le Juif qui se fait chrétien est soumis aux mêmes lois que le chrétien et le non-Juif. À vrai dire, il peut se convertir, mais à condition que sa conversion ne soit que simulée, car :

« Si un Juif peut tromper les non-Juifs et leur faire croire qu'il est lui-même un non-Juif, cela lui est permis (7). »

Mais :

« Les baptisés, qui se firent d'abord baptiser (par calcul) et qui dans la suite se sont mêlés aux chrétiens pour pratiquer l'idolâtrie comme eux, ceux-là sont mis à l'égal des chrétiens, on les jette dans une fosse et on ne les en retire plus (8). »

---

1. — *Jad. ch.*, 4, 1, f. 47, 1.
2. — Pr. Rohling, etc., p. 56.
3. — Pr. Rohling, etc., p. 80, 8.
4. — Pr. Rohling, p. 79, 4.
5. — *Sanhed.*, f. 37, 1.
6. — *Tr. Sanh.*, f. 71, 2 ; Jad. ch. 4, 10, f. 295, 2.
7. — *Polemik and Menschenopfer*, etc., p. 14.
8. — *Polemik*, etc., p. 14-15.

Ces enseignements hypocrites et barbares se retrouvent fréquemment dans la bouche des Juifs modernes les mieux enduits de réformisme et de philosophie humanitaire : leur pensée véritable se montre assez souvent plus ou moins nue. Ainsi Graetz, Juif fort circonspect, s'oublie (1) jusqu'à louer Bœrne et le trop fameux Heine dans les termes suivants :

> « Ils se séparèrent extérieurement du judaïsme, mais comme les combattants qui prennent l'armure et le drapeau de l'ennemi pour le frapper plus sûrement et pour le mieux anéantir. »

Ainsi Graetz, professeur au séminaire rabbinique de Breslau, désigne le chrétien comme un ennemi qu'il est bon d'anéantir et loue l'emploi de moyens aussi perfides et aussi hypocrites (2).

D'ailleurs, le caractère sanguinaire du rabbinisme est un fait de l'histoire universelle. Saül (3) partit en campagne contre les chrétiens, ne respirant que le carnage (*spirans cædis*). Les actes des apôtres nous apprennent que les Juifs soulevaient contre les chrétiens les habitants de toutes les villes où ils venaient s'établir. Les Juifs racontent eux-mêmes dans le *Seder hadoroth* ce fait rarement observé par les historiens, que les rabbins provoquèrent dans la Rome païenne la mort d'un grand nombre de chrétiens.

On s'accorde communément à absoudre Antonin le Pieux de tout reproche de haine contre les chrétiens. Or, déjà en 1781, Haffner discuta la parfaite authenticité de l'édit d'Antonin en faveur des chrétiens, et quand même l'empereur aurait, comme le rapporte Eusèbe (IV, 26), prévenu les explosions de la fureur populaire contre les chrétiens dans certaines villes, ce fait n'exclut aucunement ce que raconte le *Seder hadoroth*, page 127 : Rabbenu Jehuda, y est-il dit, possédait la faveur du monarque ; il lui désigna la malice des Nazaréens comme cause d'une maladie pestilentielle et obtint la mort de tous les Nazaréens qui se trouvaient à Rome, en l'an 3915, c'est-à-dire 155 après Jésus-Christ.

En ce même endroit, il est raconté que ce fut par suite des efforts des Juifs que Marc-Aurèle fit mettre à mort tous les Nazaréens.

---

1. — *Geschichte der Juden*, t. II, Leipzig, 1870.
2. — *Cf. Polemik.*, p. 15.
3. — *Actes des apôtres*, 9, 1.

Plus haut, page 125, il est dit qu'en l'an 3974, c'est-à-dire 214 après Jésus-Christ, les Juifs tuèrent 200,000 chrétiens à Rome et tous les chrétiens de Chypre.

Le *Sefer Juchasin* (Amsterdam, 1717) rapporte, au folio 108, qu'au temps du pape Clément, les Juifs mirent à mort à Rome et hors de la ville une foule de chrétiens innombrable « *comme le sable de la mer* » et en particulier, que sur le désir des Juifs, Dioclétien tua un grand nombre de chrétiens parmi lesquels les papes Caius et Marcellinus, de même que le frère de Caius et sa sœur Rosa.

Il est d'ailleurs bien connu qu'ils avaient trouvé l'accès du cœur de Néron (1).

On voit donc que le précepte n'est pas resté à l'état de lettre morte et que quand il a été possible d'agir, le bras d'Israël ne s'est pas souvent reposé.

---

1. — *Polemik*, etc., p. 21.

VII

DE LA FEMME

Le Juif peut sans pécher faire violence à toute femme chrétienne. — Le mariage des chrétiens n'est qu'un accouplement de bêtes. — Signification des rêves. — Exemple des rabbins. — Des Juives.

Moïse a dit :

« Tu ne convoiteras pas la femme de ton prochain »

et :

« Quiconque commet un adultère avec la femme de son prochain mérite la mort. »

Le Talmud (1) enseigne que Dieu n'a défendu aux Juifs que l'adultère avec la femme du prochain, c'est-à-dire du Juif, et qu'il y a exception pour la femme des autres, c'est-à-dire des non-Juifs.

La *Tosapoth* du Talmud et le fameux Raschi (sur le *Pent. Lev.* 20. 10) remarquent à ce sujet qu'on déduit de ce passage que les non-Juifs n'ont pas de mariage. Ce principe honteux est une conséquence toute naturelle de cet autre principe qui dénie la dignité humaine, la qualité d'homme à tout ce qui n'est pas Juif. Car le mariage qui est une institution morale n'existe que parmi les hommes : à l'égard des animaux, il ne s'agit que d'accouplement.

Les rabbins Bechai, Levi, Gerson, pour ne citer que ceux-là, sont tous du même avis ; nous savons donc de la bouche d'un grand nombre de sages d'Israël que le Juif ne croit pas commettre un adultère quand il déshonore une chrétienne.

---

1. — *Tr. Sanhedr.*, f. 52 ; 2.

L'aigle Maïmonides qui est pourtant d'ordinaire plus philosophe, remarque dans un commentaire :

> « Qu'on a le droit d'abuser d'une femme dans l'état d'incroyance (1). »

C'est-à-dire qui n'est pas Juive.

On trouve à la fois l'exemple et le précepte donnés par un rabbin qui vivait en France au XIIIe siècle :

> « Rabbenu Tam, est-il rapporté (2), enseigne que le commerce adultérin avec un non-Juif ou une non-Juive n'est passible d'aucune peine, car la loi a livré leurs enfants et il est dit : Leur semence est la semence des chevaux. C'est pour cela que dans une circonstance donnée, il permit à une Juive d'épouser un chrétien qui se fit Juif et avec qui elle avait déjà vécu en concubinage. »

Quoique la loi proscrive rigoureusement le mariage de ceux qui sont déjà en commerce ensemble :

> « Il l'autorisa cette fois et pour cette raison que la cohabitation des chrétiens est une cohabitation d'animaux. »

Ainsi considérait-il leurs relations passées comme non avenues.

Celui, dit le Talmud (3), qui déshonore sa mère en rêve peut espérer la sagesse cause de ce qui est dit au livre des *Proverbes* (2, 3). Tu appelleras la sagesse une mère ; celui qui déshonore une fiancée peut espérer l'intimité avec la loi (selon le *Deutér.* 33, 4) ; celui qui déshonore sa sœur les lumières de l'esprit (selon les *Proverbes* 7, 4), et celui qui déshonore la femme du prochain, la vie éternelle.

Si toutes ces infamies donnent droit aux belles récompenses qu'on vient de dire, l'homme devra naturellement souhaiter avec ardeur d'avoir de pareils rêves, ce qui prête déjà quelque peu à la critique ; il n'aura qu'un pas à faire pour penser que si le rêve ouvre de si belles perspectives, la réalité le fera mieux encore. D'ailleurs Rabbi Kroner a déjà pris soin de nous apprendre que le Talmud permet avec raison à l'homme (c'est-à-dire au Juif) tourmenté par la tentation de s'abandonner au plaisir et cela sans pécher. Il suffit qu'il le fasse en secret afin que *« le saint nom d'Israël »* ne soit pas

---

1. — *Jack. chas.*, 2, 2, sur les Rois, n° 2, 2.
2. — Prof. Rohling, p. 62.
3. — *Berach.* 57, 1.

discrédité.

Filia trium annorum et diei unius, dit le Talmud (1), *desponsatur per coitum ; si autem infra tres annos sit, perinde est, ac si quis digitum inderet in oculum, id est, non est reus læsæ virginitatis, quia signaculum judicatur recrescere sicut oculus tactu digiti ad momentum tantum lacrimatur.*

Là-dessus le Talmud raconte (2) que plusieurs de ses premiers maîtres, notamment Rabbi Rab et Nachmann, faisaient crier publiquement dans toute ville où ils arrivaient s'il ne se trouvait pas une femme qui voulut être leur épouse pour quelques jours.

Rabbi Elias déclare dans le Talmud (3) que malgré le jour du grand Pardon, il déshonorerait autant de vierges qu'on voudrait car le péché ne s'accomplit qu'au dehors, devant la porte du cœur et la malice des hommes laisse intact l'intérieur de l'âme.

Le Talmud (4) raconte de Rabbi Eliéser, qu'il n'était dans le monde entier une seule... dont il n'ait fait usage. Ayant un jour ouï dire que l'une d'elles n'exigeait pas moins d'un coffre plein d'or, il emporta le coffre et alla la joindre en traversant sept torrents. Le reste de l'histoire est trop lubrique pour trouver place ici.

Ce qu'il y a de plus odieux dans cette aventure, c'est qu'il est rapporté comme conclusion, qu'à la mort de Rabbi Eliéser Dieu cria du haut du ciel que Rabbi Eliéser était entré dans la vie éternelle. Or, comme il est dit avant cette histoire de Rabbi Eliéser que les hérétiques ne trouveront jamais le chemin de la vie mêmeen se convertissant, la morale du récit est celle-ci :

Contente-toi de rester fermement Juif, et à la fin tout te sera pardonné.

On raconte encore d'Akiba, nommé par la synagogue le second Moïse, qu'il vit un jour une femme sur un palmier : aussi résolu qu'Elieser, il marcha vers l'arbre et y grimpa.

Or, cette femme était Satan caché sous une forme de femme, et Satan dit : Je ne donnerais pas deux oboles de ta vie, s'il n'était pas

---

1. — *Nidda*, 47, 2.
2. — *Tr. Joma*, 18, 2.
3. — *Tr. Joma*, 19, 2.
4. — *Tr. Aboda*, s. f. 17, 1.

dit dans le ciel qu'il faut user de circonspection et de ménagements avec Akiba et sa loi (1). Même histoire est racontée des rabbins Meir et Tarpon : Satan perd ses droits sur eux, car le ciel les protège en toute circonstance et contre toutes les lois.

Il y a lieu de rappeler du reste que tout acte des rabbins compte comme une observation de la loi (2), ce qui donne une vaste portée aux exemples qu'ils ont pris soin de donner.

Ces quelques traits permettent enfin de se figurer ce que le Talmud contient de mauvaises facéties, de vilenies et de propos malpropres (3), mais nous ne pouvons guère leur donner place dans ces pages.

Maintenant que peut dire la femme juive quand elle voit son mari en relations avec une autre femme sous le même toit qu'elle-même ?

Elle n'a, suivant le Talmud, aucun droit de se plaindre.

Quand Jochanan déclara immorales certaines choses de nature par trop repoussantes, on cria contre lui : Non, la loi n'est pas ainsi, car les sages ont dit : tout ce qu'un homme veut faire de sa femme, il a le droit de le faire, comme d'un morceau de viande apporté de chez le boucher et qu'on peut manger bouilli, rôti ou grillé, ou comme d'un poisson acheté chez le pêcheur. Un exemple vient confirmer ces préceptes : une femme étant venue se plaindre au rabbin de ce que son mari la traitait sodomitiquement, ne reçut d'autre réponse que celle-ci : Ma fille, lui dit le juge, je ne puis rien faire pour toi, car la loi (la loi du Talmud naturellement) t'a livrée en pâture.

On croit peut-être que ce honteux enseignement est particulier à l'ancien Talmud, mais on n'aura aucune peine à le trouver dans le nouveau (4). Il suffit d'ouvrir les éditions d'Amsterdam, 1644 (et suiv.) ; de Sulz-bach, 1765 ; de Varsovie, 1864.

---

1. — *Tr. Kichluchin*, f. 81, 1.
2. — *Tr. Berach.*, f. 62, 1 ; *Chagiga*, f. 5, 2.
3. — Par exemple : *Tr. Sanh.*, f. 22 ; *Schabbath*, f. 149, 2 ; *nasir*, f. 23 ; *sota*, f. 10 ; etc., etc.
4. — *Tr. Nedarim*, f : 20, 2.

Ailleurs (1) le précepte est renouvelé avec accompagnement d'un infâme commentaire basé sur une interprétation mensongère d'un texte de la Bible, et il est déclaré que le Juif peut en user de ladite façon toutes les fois qu'il lui plaît, tandis que le Noachide, c'est-à-dire celui qui n'est pas Juif, ne peut traiter sodomitiquement que la femme d'un autre non-Juif.

D'ailleurs les prières publiques de la synagogue réclament, suivant le Talmud (2) la présence de dix hommes : neuf hommes et un million de femmes ne constituent pas une assemblée complète et la présence de Dieu fait défaut, car la femme n'est rien (3).

Du moment que la femme juive se voit livrée à la sodomie par la loi, elle n'a guère le droit de se plaindre si son mari connaît en même temps qu'elle une non-Juive : elle l'a d'autant moins, que le Juif ne commet pas d'adultère en déshonorant la non-Juive.

Ne trouve-t-on donc pas dans les livres juifs seuls assez de raisons pour légitimer les défenses de l'Église qui ne permettait pas qu'une jeune fille chrétienne entrât en condition chez un Juif ? Et faut-il maintenant s'étonner du grand nombre de chrétiennes déshonorées par les jeunes drôles du judaïsme ?

Rabbi Kroner se félicite de ce que Juda fournit à la statistique moins de naissances illégitimes que les autres peuples : on sera désormais fixé sur le prix de ces observations. D'une part le Talmud permet tous les écarts au Juif sans que le lien familial en soit rompu ; d'autre part la sodomie lui est permise pour préserver l'élue de son choix, si elle est Juive, de toute postérité importune.

À ces pratiques du judaïsme, ajoutons la répulsion instinctive que la Juive inspire généralement aux hommes de notre race, et nous saurons exactement pourquoi la statistique parle si peu de naissances illégitimes dans Israël.

Car le Juif peut mettre la Juive dont il abuse à l'abri d'une maternité intempestive, et s'il déshonore une chrétienne, les enfants de celle-ci ne sont pas enregistrés par la statistique sous le nom du Juif.

Nous connaissons maint et maint Juif en situation de confirmer

---

1. — *Sanh.*, 58, 2.
2. — *Tr. Megilla*, 23, 2.
3. — Drach, *Harmonie*, 2, 335. Paris, 1844.

ce que nous en disons.

Il est permis de conclure de tout cela que s'il est rarement question de naissances illégitimes parmi les Juifs, la moralité des femmes de notre race n'en est cependant pas à pâlir devant celles des Juives. Assujetties aux vices contre nature par le Talmud, c'est-à-dire par une autorité sacrée puisque, suivant Rabbi Kroner, le Talmud est le continuateur et le conservateur de la Bible, elles n'ont aucun droit de s'élever au-dessus des femmes de nos populations ni dans nos provinces ni dans nos campagnes.

Quant aux grandes villes, elles permettent à la Juive de se montrer telle qu'elle est, et la vérité est que ce sont elles qui fournissent aux gens de plaisir la part principale de leur contingent féminin. En effet une feuille israélite de nos jours en fait sincèrement l'aveu (1) :

> « Depuis un quart de siècle, dit-elle, les moralistes se demandent avec raison : d'où vient que dans les grandes villes de l'Europe on remarque, parmi les femmes de mauvaise vie, un plus grand nombre de Juives que de chrétiennes ? Cette question est malheureusement motivée, car à Paris, à Londres, Berlin, à Hambourg, à Vienne, à Varsovie et à Cracovie, dans ce qu'on est convenu d'appeler le demi-monde, sur les places publiques et même dans les maisons de prostitution, on rencontre plus de Juives que de chrétiennes en tenant compte de la proportion qui existe entre les deux populations. Il est très fâcheux de constater un fait semblable, mais si douloureux qu'il soit il est vrai. »

Cependant, il n'est pas de malheur dont on ne se console de quelque façon, en effet :

> « Une actrice de genre, disent encore les Archives (2) née israélite et qui s'en était toujours souvenue, vient de mourir... Mademoiselle Judith Ferreyra avait une figure des plus sympathiques... Ses obsèques ont été israélites comme son âme qui n'avait jamais cessé de l'être, et, si elle a cédé comme tant d'autres femmes aux entraînements inhérents à la carrière théâtrale, elle a du moins gardé pieusement les traditions du foyer domestique... »

Par conséquent tout se pardonne pourvu que l'on reste fermement et fidèlement attaché à la nation juive.

---

1. — *Archives isr.*, nº 15, 1867, p. 711.
2. — *Archives isr.*, 1808, 1ᵉʳ juin.

VIII

DU SERMENT

Le serment n'oblige pas le Juif vis-à-vis du chrétien. —Théorie du parjure et de la restriction mentale. — Hypocrisie de la casuistique des rabbins. — Moyens d'éluder l'obligation du serment.

Les Israélites se sont plaints à plusieurs reprises de ce qu'on n'acceptait leur serment qu'avec défiance dans leurs démêlés avec les non-Juifs.

Un certain nombre de savants chrétiens ont incliné vers une appréciation moins rigoureuse. Nous voudrions bien volontiers les suivre, mais par malheur notre conviction est toute différente de la leur.

Avant de recourir aux preuves positives qui ne sont que trop nombreuses et trop concluantes, on peut envisager la question *a priori*.

Il est évident qu'un serment sincère et digne de créance ne peut trouver place dans le système du rabbinisme. Que signifie un serment prêté à un animal ? C'est un non-sens, car le serment est le dernier moyen employé pour terminer une contestation *entre des hommes*. Si donc on exige du Juif qu'il prête serment pour ou contre un chrétien, on l'oblige à une niaiserie qu'il ne commettrait jamais de lui-même ; On le contraint de prononcer une parole qu'il a le droit, à son point de vue, de considérer comme une phrase vide et comme un vain son, et qui, par suite, est pour sa conscience non avenue et de nulle conséquence.

D'un autre côté, du moment que le Talmud établit que l'avoir et le sang des non-Juifs sont la légitime propriété du Juif, comment veut-on qu'un non-Juif puisse entrer en contestation avec un Juif sur le Mien et le Tien ? En vertu de la législation talmudiste, le Juif a plein droit de prendre ce qui est à sa portée. Mais comment puis-je jurer, comment puis-je même simplement affirmer que *mon* argent est *votre* argent, du moment que je suis pleinement convaincu de la validité de mon droit de propriété ?

Si quelqu'un me contraint à faire une semblable déclaration ou à prêter un pareil serment, je répondrai, pourvu que ma force de volonté ne soit pas au-dessous de la clarté de ma conviction : mieux vaut mourir que de commettre une pareille malhonnêteté. Mais si par faiblesse, je laisse la peur d'un dommage quelconque triompher de la vérité, je penserai pourtant que l'argent est quand même mon argent, et à la première occasion je m'en ressaisirai, *quia res clamat domino*.

D'ailleurs nous trouvons dans le Talmud un bon nombre d'exemples sur la matière qui, aux yeux du Juif talmudiste, constituent une morale en action.

Rabbi Jochanan jura, à une femme de rang élevé, de garder un secret, et il formula ainsi son serment :

« En présence du Dieu d'Israël, je ne le révélerai jamais... »

Ce qui signifiait, du moins dans l'opinion de cette femme, que par la sainteté de Dieu, par respect de son nom etc., le rabbin s'engageait à ne rien dire. Mais il pensait part lui : je ne dirai rien devant Dieu, mais je dirai tout devant son peuple Israël [1].

En ce qui concerne l'anéantissement intérieur du serment, les rabbins posent comme principe que le serment doit être un serment forcé pour qu'on puisse l'éluder ainsi [2].

Par conséquent, si les autorités chrétiennes, si nos gouvernements ou nos magistrats défèrent le serment à un Juif, ils ne peuvent faire abstraction des principes talmudistes, et ils doivent savoir que le Juif considérant le serment comme imposé, se juge dispensé de dire la vérité.

> « Si un roi, dit le livre que nous venons de citer, donne ordre de jurer et de déclarer si tel ou tel Juif a péché avec une non-Juive, afin qu'on sache s'il doit être puni de mort, on regarde ce serment comme un serment forcé et on l'anéantit mentalement [3]. »

---

1. — *Tr. Aboda*, s. f. 28, 1 ; *Joma*, f. 84, 1.
2. — *Schuleb, a., Jore d.*, n. 232, § 12, 14.
3. — *Ibid*.

Un autre rabbin (1) enseigne également que :

« Si un prince fait jurer à un Juif (par exemple) qu'il ne quittera pas le pays, le Juif doit penser intérieurement : aujourd'hui (c'est-à-dire : je jure de ne pas en sortir aujourd'hui). Mais si le prince précise et lui fait jurer de ne *jamais* quitter le pays, le Juif doit ajouter à part lui : dans telle ou telle condition. »

« Mais tout cela n'est bon que quand on peut violer son serment sans que le mécréant vienne à s'en apercevoir.

« Si le mécréant peut s'en apercevoir, le parjure est défendu à cause de la profanation du nom de Dieu.

« Et c'est pour cela (pour s'être laissé prendre) que Sedecias fut puni pour avoir violé le serment par lui prêté à Nabuchodonosor, encore bien que ce serment fût un serment imposé. »

Il arrive assez souvent que les Juifs font parade de leur fidélité au serment de soldat : il n'est pas hors de propos de leur rappeler que s'ils manquaient à celui-là, les « mécréants » s'en rendraient compte avec une extrême facilité.

C'est d'ailleurs l'application de la théorie tant de fois émise par les rabbins : le péché est pardonné pourvu qu'il reste caché, seulement on doit s'entourer de toutes les précautions voulues pour n'être pas découvert, afin que le judaïsme, la religion et la nation juive ne soient pas compromises dans l'affaire (2), ou bien, comme ils disent en leur langage de bons apôtres « afin que le saint nom de Dieu ne soit pas profané. »

En effet :

« La profanation, la souillure du nom n'existent pas quand le non-Juif ne remarque pas que le Juif ment (3). »

« Il n'y a pas profanation du nom quand, par exemple, le Juif dit mensongèrement à un héritier non juif : ceci a été donné par moi à ton père avant sa mort ; car dans ce cas le non-Juif ne sait pas précisément si le Juif ment (4) » *puisque le témoin est mort.*

C'est ce qui permet d'apprécier toute l'hypocrite perfidie de préceptes comme ceux qui suivent :

---

1. — Scheel. *uteschuvoth*, f. 25, 2.
2. — *Chagiga* 16 ; *Kidd.*, 40 ; *Maim. Jad. ch.* 4, 11, f. 31, 1 ; *Mosc. Mikk. seph. miz. gad.*, f. 132 ; *Cf.* également *Baba K.* 113.
3. — *Polemik*, etc., p. 13.
4. — *Ibid.*

« On peut prêter un faux serment au souverain (c'est-à-dire non seulement au roi, mais aux autorités du pays où les Juifs se trouvent) toutes les fois qu'il demande quelque chose qu'on ne lui doit pas *d'après les lois juives*, mais il faut faire grande attention de n'être pas découvert, afin que le nom de Dieu ne soit pas profané [1]. »

« Quand un Juif a volé un non-Juif et que le tribunal non juif l'oblige à prêter serment, les autres Juifs doivent obliger leur frère à se mettre d'accord avec le non-Juif volé, afin qu'il ne prête pas un faux serment par suite duquel le nom de Dieu pourrait être déshonoré : mais si l'accord ne peut pas s'établir, qu'on impose le serment au Juif et qu'il puisse jurer sans que le nom de Dieu soit profané, alors il peut prêter un faux serment et l'anéantir dans son cœur. »

Du reste toute une série de rabbins [2] enseigne que le Juif croit fermement qu'au jour du grand pardon, tous ses péchés, sans en excepter les plus graves et parmi ceux-ci tous les faux serments, lui sont pardonnés sans qu'il soit fait mention aucune du devoir de la restitution.

Le chrétien croit aussi à la rémission des péchés, mais il sait que la restitution de la propriété et la réparation de l'honneur lésé en sont l'indispensable condition.

Ajoutons, pour achever de tracer la ligne de conduite du Juif devant les tribunaux, qu'il lui est interdit de déposer contre son frère, et qu'il doit commettre vingt parjures plutôt que de compromettre un autre Juif.

En effet :

« Un Juif qui connaît un fait favorable au non-Juif et défavorable au Juif, et qui en fait la déposition devant la justice, celui-là est soumis à la grande excommunication [3]. »

C'est conformément à ces préceptes traditionnels qu'un rabbin moderne qui dirigeait la conscience d'un Juif viennois, Chatam Sepher, père du rabbin de Cracovie Schreiber qui fut député et mourut il y a peu de temps, permit à ce Juif de prêter un faux serment : sa femme avait à sa connaissance *acheté* des armes volées,

---

1. — Prof. Rohling, etc., p. 65.
2. — *Midr. tephill.*, sur Ps. 15, f. 13, 2 ; *Jalk. Schim.* Ps. f. 94, 4, n. 665 ; *Jalk. chad.*, f. 121, 1, 3, n. 1, 11 ; *Kadd. hakk.*, f. 43, 4 ; *Seph. Chas.*, f. 4., n. 20, etc.
3. — Prof. Rohling., p. 66-67.

le rabbin l'autorisa à jurer qu'il n'avait jamais acheté ces armes en pensant à part lui que c'était sa femme qui les avait achetée [1].

Il est d'ailleurs expressément enseigné que :

« L'on peut et doit jurer à faux quand les non-Juifs nous demandent si nos livres sacrés contiennent quelque chose contre eux : il faut alors jurer : *non*, de peur qu'ils ne s'irritent contre nous s'ils venaient à savoir la vérité [2]. »

Toutes ces raisons n'ont pas réussi à modifier l'opinion des savants chrétiens dont nous parlions : toutefois ils ont proposé de faire prêter aux Juifs le serment de la synagogue qui est accompagné de terribles imprécations, espérant qu'il serait plus propre à les détourner du parjure. Cela peut, à vrai dire, se soutenir.

Mais si je veux être conséquent avec moi-même, je dois pourtant me dire :

Si je regarde l'enseignement du rabbinisme comme véritablement divin, je dois, pour être logique et même pour obéir à ma conscience, anéantir mentalement le serment qui m'est imposé.

Car qui peut avoir le droit de me faire jurer que ma maison n'est pas ma maison ?

Ce serait faire à Dieu l'injure d'un mensonge que de l'admettre, et comme en ma qualité de rabbiniste, j'ai le droit de recourir aux restrictions mentales légitimées par l'exemple d'Akiba, le *second Moïse*, je jurerai tout haut, mais j'aurai soin de penser tout le contraire.

S'il s'agit du premier de tous les biens, de ma vie, et si par exemple, je suis accusé du meurtre d'un chrétien, je puis, comme talmudiste, jurer que je n'ai nullement versé le sang d'un homme, et qu'il n'y a eu qu'un animal de tué.

Tout homme sans préjugé devra convenir que les serments de ce genre sont en accord parfait avec la logique.

Ces raisons jointes aux faits rapportés suffisent amplement pour éclairer la question. Aussi ne toucherons-nous qu'en passant certains points particuliers.

Ainsi, le jour du Grand Pardon, les Israélites ont coutume de dire

---

1. — *Ibid.*; p. 66.
2. — *Polemik*, etc., p. 14.

une prière qu'il ne faut pas confondre avec la rémission générale des péchés dont nous avons parlé.

« Que tous les vœux dit cette prière, et toutes les obligations, que toutes les peines et les serments qui auront été faits, consentis et jurés par nous depuis ce jour du Pardon jusqu'au même jour de l'an prochain, soient déliés, remis, anéantis, rendus nuls et sans valeur. Que nos vœux ne soient pas des vœux et que nos serments ne soient pas des serments. »

Cet acte s'accomplit en grande solennité le soir de la fête. L'officiant assisté de deux des premiers rabbins prononce la prière indiquée, après que tous trois ensemble ont débuté par une introduction solennelle au nom de Dieu (1).

En outre tout Israélite, en tout temps, peut se faire délier des serments qui lui pèsent, par un rabbin ou simplement par trois Israélites de rang ordinaire (2).

Il est vrai que plusieurs auteurs Juifs observent que ces pratiques ne sont usitées que pour les vœux et les serments faits à la hâte et inconsidérément, et encore quand il s'agit d'affaires purement personnelles et n'intéressant pas autrui.

Nous ne demandons pas mieux que de les croire. Mais la grande solennité qui préside à cette cérémonie le soir du Grand Pardon nous oblige à douter de la vérité de cette assertion.

Il est d'autant plus sage d'en douter qu'un bon nombre d'Israélites convertis de notre temps tiennent cette excuse pour un simple faux-fuyant.

Or, de ce que ces hommes sont des convertis, il ne s'ensuit nullement qu'ils soient indignes de créance. Bien au contraire, on doit regarder comme un devoir envers la société de révéler publiquement des principes que l'on tient pour nuisibles à la société.

Johann Schmidt, qui est du nombre de ces convertis, rappelle que les rabbins s'imaginent avoir le droit de délier Dieu lui-même de ses serments.

Brenz, ainsi que beaucoup d'autres et enfin Drach, homme de mérite et de savoir, bien qu'on ait tenté de l'amoindrir, sont

---

1. — *Machsor Prag.* II, f. 91. a.
2. — *Seph. mizv. gad.*, f. 70, 1.

tous d'accord à ce sujet, et ces témoignages, à la rigueur superflus, confirment tout ce qui a été établi touchant le serment des Juifs.

IX

LES CHRÉTIENS

Les mots *païens idolâtres, étrangers*, etc., désignent particulièrement les chrétiens. — Hypocrisie du rabbin Zevi à cet égard. — Preuves multiples du vrai sens et de la vraie portée de ces appellations.

Les Juifs ont sans cesse recours à un subterfuge adroit qui consiste à soutenir énergiquement que les chrétiens ne sont pas visés quand il est question de *Goym*, d'*Akum*, d'*hérétiques*, d'*idolâtres*, etc., et qu'ainsi toutes les règles de conduite prescrites à l'égard de ceux-ci ne concernent aucunement les chrétiens.

Il est vrai qu'on a le droit de disposer comme on le veut des biens, des femmes et de la vie des hérétiques, des idolâtres et des étrangers, mais les chrétiens restent hors de cause, dit-on, car ils ne sont pas compris parmi ceux-là.

Aussi les *Archives israélites* (1) s'indignent-elles contre ces « chrétiens qui ne se font aucun scrupule d'appliquer aux chrétiens ce qui *évidemment* ne pouvait avoir trait qu'aux idolâtres. »

Nous venons de voir que le Juif peut et doit affirmer avec serment que ses livres sacrés ne contiennent rien contre nous, de peur que la vérité ne nous irrite contre lui ; nous savons du reste qu'il lui est toujours permis de mentir pour avoir la paix ; nous allons nous convaincre que cet enseignement est fidèlement gardé et compris, autant par les bons apôtres du réformisme que par les fanatiques du talmudisme.

Du moment que les doctrines juives représentent Jésus-Christ non comme un Dieu, mais comme une créature et un homme ordinaire, les chrétiens ne peuvent être que des idolâtres aux yeux des Juifs.

Car l'idolâtrie consiste précisément à rendre les honneurs divins à une créature : à vrai dire, les diverses formes de l'idolâtrie

---

1. — *Archives isr.*, 1867, n° 42, p. 554

peuvent être plus ou moins pures ; les rites des anciens Persans seront peut-être moins odieux que ceux des peuples de Chanaan : à ce point de vue, telle forme de l'idolâtrie peut être plus morale que telle autre ; cependant, du moment qu'une religion rend les honneurs divins à une créature, on ne peut pas la regarder autrement que comme un culte idolâtre et païen.

En faisant réflexion sur ces principes, on comprend dès l'abord qu'aucune exception n'est faite pour les chrétiens quand il est question dans les livres juifs de Goym, c'est-à-dire de païens : on sait du reste que l'artifice qui consiste à donner aux chrétiens des noms de peuples qui n'existent plus, est entièrement conforme à l'esprit des enseignements judaïques.

Ainsi le vieux rabbin Levi raconte qu'il essaya d'abord de persuader aux chrétiens qu'il était faux qu'ils eussent été de tout temps et fussent toujours traités de Goym ; cette tentative n'ayant pas réussi, il voulut leur faire croire que ce mot n'était aucunement une injure ; mais la seconde ruse n'eut pas plus de succès que la première, car on imagina de traiter de Goym quelques bons Israélites, et le premier qui fut ainsi interpellé protesta avec colère contre cette qualification.

De même, c'est un fait digne de remarque que la dernière édition du Talmud publiée à Varsovie (en 1863 et suiv.) évite avec un soin évident d'employer le mot *goi* et le remplace par un autre.

Akum est une façon déguisée de désigner non seulement les peuples non juifs en général, mais particulièrement les chrétiens, car il est dit [1] :

> « Quand un Juif prie et rencontre un *Akum qui tient une croix*, et que le Juif en est à l'endroit de sa prière où l'on se courbe, il ne se courbera pas, quand même il dirigerait son intention vers Dieu. »

Un Akum qui tient une croix est évidemment un chrétien.

L' « aigle » Maïmonides déclare avec une franchise qui ne laisse rien à désirer qu'il n'y a pas de différence entre le chrétien et les idolâtres [2].

---

1. — *Polemik*, etc., p. 6.
2. — *Ibid.*, p. 7.

> « Et sache que ces peuples des Nazaréens qui suivent Jésus dans ses errements, quand même leurs doctrines seraient différentes, sont *tous comptés parmi les idolâtres et qu'on doit agir avec eux comme avec les idolâtres.* »

Goi désigne également le chrétien :

> « Les Juifs qui se font baptiser maintenant (il s'agit évidemment de conversions sincères, car on a vu que les autres sont permises) *se mêlent aux Goym* et l'on ne dit pas sur l'un de ceux-là : que ton frère vive avec toi ! *mais la loi est de le pousser dans une fosse* (1). »

De même Min, Minim (hérétiques), car :

> « Ben Damma fut un jour mordu par un serpent et un chrétien voulut le guérir au nom de son maître Jésus, mais Rabbi Ismaël ne voulut pas le permettre, parce qu'on ne doit pas se laisser guérir par un *hérétique* (2). »

C'est pourquoi Rabbi Akiba ayant entendu un chrétien faire une remarque excellente, en éprouva une vive satisfaction dont il se repentit amèrement (3), car cette vive satisfaction était un rapprochement vers l'*hérésie*.

Les chrétiens sont encore désignés sous le nom d'*étrangers*. Rabbi Jacob, qui porta le nom de Rabbenu Tam vivait en France au XIIe siècle et il y amassa, nous disent les livres juifs, une immense fortune par l'usure : il prétendait que l'usure était permise avec les étrangers : or les Français qu'il dépouillait étaient bien des chrétiens et il les qualifiait d'étrangers (4).

Ainsi donc, si le Talmud (5) reconnaît pour les chrétiens la distinction dont nous parlions au sujet des Perses et des Chanaéens, distinction qui se trouve maintenue dans un supplément du XIIe siècle (6), il n'en est pas moins vrai qu'ils sont tous à ses yeux de véritables Akum, de véritables païens, de véritables idolâtres.

Ainsi le Talmud dit (7) que « parmi les jours de fête des

---

1. — *Polemik*, etc., p. 8.
2. — *Ibid.*, p. 9.
3. — *Polemik*, etc., p. 9.
4. — *Ibid.*, p. 9-10.
5. — Il s'agit dans ce passage du Talmud non mutilé.
6. — *Tr. Choll.*, f. 13, 2 ; *Aboda*, s. 4, 4 ; *Tos*, etc.
7. — *Aboda*, s. f. 2, 1 et f. 6, 1 ; f. 7, 2.

idolâtres, on compte le premier de la semaine, le jour du Nazaréen », c'est-à-dire le dimanche des chrétiens.

Quand le Nazaréen est appelé par le Talmud « le fils du menuisier (1) », cette dénomination s'accorde bien avec celle qu'il reçut des Juifs de son vivant (*Évangile selon saint Math.* 13, 55).

Quand son nom est tronqué par le Talmud (2) de manière à former un mot qui signifie « *que son nom et sa mémoire soient anéantis* », c'est un fait qui s'accorde avec l'enseignement talmudiste déjà exposé, suivant lequel tout Juif doit exterminer l'hérétique qui a abandonné le judaïsme.

Or le nom et la mémoire du Christ ne peuvent être anéantis que quand tous les chrétiens seront exterminés.

Quand le Talmud nomme Jésus-Christ une idole (3), la conséquence en est que les chrétiens sont idolâtres puisqu'ils mettent leur plus grand honneur à le servir.

Quand le Talmud (4) rapporte que Jésus-Christ pratiqua lui-même la magie et l'idolâtrie, il s'ensuit que les chrétiens sont doublement idolâtres.

Quand il le traite de fou (5), cette injure s'accorde avec les traitements que lui firent subir Hérode et ses contemporains qui déclarèrent qu'il était magicien et qu'il avait fait un pacte avec le diable.

Quand il le traite d'impie (6) et d'homme sans Dieu, il entend logiquement que les chrétiens adorateurs d'un impie ne sont pas moins impies qu'il ne l'est lui-même.

Or, entre autres choses, il est dit du meilleur des idolâtres qu'on doit le mettre à mort de ses propres mains, et nous voyons que les chrétiens sont incontestablement du nombre de ces goym, de ces impies, de ces idolâtres.

---

1. — *Ibid.,* f. 50, 20.
2. — *Ibid.,* f. 17, 1.
3. — *Tr. Aboda,* s. f. 27, 2.
4. — *Vid. supr., loc. cit.,*
5. — *Tr. Schab.,* f. 104, 2.
6. — *Tr. Sanh.,* f. 105, 1.

Raschi (1) prend moins de détours et n'hésite pas à appeler le chat par son nom :

« IL FAUT ÉTRANGLER LE MEILLEUR DES CHRÉTIENS. »

Et pour bien faire pénétrer dans l'esprit des siens que c'est des chrétiens qu'il s'agit, le Talmud dit encore une fois (2) :

« Un goi qui étudie dans la loi mérite la mort. »

En effet, d'une part l'étude de la loi n'est permise au *goi* que s'il devient Juif par la circoncision, et d'autre part, chacun sait que dès le début les chrétiens étudièrent la loi de Moïse.

Quelques rabbins objectent bien que selon le Talmud (3), un non-Juif qui étudie la loi est égal à un grand prêtre, mais le même Talmud explique (4) qu'il s'agit de la loi des sept commandements de Noé : en outre il faut toujours se rappeler que les contradictions du Talmud ont pour effet de permettre au Juif talmudiste de se diriger dans la pratique absolument comme il lui plaît.

Le Talmud dit encore en propres termes (5) :

« Les chrétiens sont des idolâtres, cependant il est permis de faire le commerce avec eux le premier jour de la semaine qui est leur jour de fête. »

Quelques feuillets plus loin (6), il est fait mention des offices chrétiens, des prêtres, des cierges et des calices et le tout est qualifié d'idolâtrie.

Plus loin encore (7), il est demandé si le Juif peut louer des maisons à des païens parmi lesquels il vit actuellement et la réponse est celle-ci :

« Oui, car ils n'apportent pas leur idole dans les maisons pour qu'elle y séjourne en permanence, mais seulement quand quelqu'un des leurs va mourir. »

---

1. — Sur l'*Exod.*, éd. d'Amsterdam, 7, 1. Dans l'éd. de Venise, on lit « *le meilleur des hérétiques* », ce qui prouve bien l'identité des deux appellations.
2. — *Tr. Sanh.*, f. 59, 1.
3. — *Loc. cit.*
4. — *Tr. Aboda*, s. f. 3, 1.
5. — *Tr. Aboda*, s. f. 2, 1.
6. — *Tr. Aboda*, s. f. 14, 2.2
7. — *Ib.*, f. 21, 1.

« Tous les peuples, est-il ajouté (1) expressément, sans exception aucune sont des idolâtres. »

Les rabbins des époques suivantes ne jugent pas différemment. Ainsi Raschi (2) dit :

« Un Nazaréen est celui qui adopte les enseignements erronés de *cet homme* qui prescrivit aux siens d'observer le premier jour de la semaine. »

Et l'aigle Maimonides écrit (3), comme nous l'avons déjà vu :

« Les chrétiens qui suivent les errements de Jésus, sont tous des idolâtres malgré les différences de leurs doctrines, et l'on doit d'après l'enseignement exprès du Talmud en user avec eux comme on en use avec les idolâtres. »

Ainsi l'aigle exprime loyalement et sans détour ce que le Talmud a réellement enseigné. Il dit encore ailleurs (4) :

« Les chrétiens sont des idolâtres ; le premier jour de la semaine est pour eux un jour saint. »

Le célèbre Kimchi sait même pour quelles raisons les chrétiens d'Allemagne en particulier appartiennent à la pire espèce de païens, c'est-à-dire aux Chananéens :

« Les habitants de l'Allemagne, dit-il (5) sont des Chananéens, car quand les Chananéens s'enfuirent devant Josué, ils s'en allèrent dans le pays d'Allemannia que l'on nomme Allemagne, c'est pourquoi les Allemands sont appelés encore aujourd'hui Chananéens. »

Et ailleurs il dit (6) :

« Les chrétiens sont des idolâtres parce qu'ils se prosternent devant la croix. »

Le Talmud appelle encore Jésus-Christ un « Juif apostat (7) », et l'Aigle écrit (8) :

---

1. — *Ib.*, f. 26, 2.
2. — Sur le *tr. Aboda*, s. f. 6, 4.
3. — Sur *Abedu Misch.*, 3, f. 78, 3.
4. — *Jad. ch. hilch. abod.*, s. 9, 4, édit. de Ven. 1550.
5. — *Comment. sur Obdj.*, 1, 20.
6. — Sur *Jés.*, 2, 18, 20.
7. — *Tr. Gittin*, 57, 1.
8. — *Jad. ch. hilch. Abod.*, s. cap. 10.

> « Il est prescrit de tuer de sa main les traîtres d'Israël et les hérétiques comme Jésus de Nazareth [1] et ses partisans, et de les précipiter dans la fosse de perdition. »

La doctrine de Jésus est une hérésie, dit aussi le nouveau Talmud [2] ; Jacques, son disciple, est un hérétique, est-il dit encore [3], et en d'autres endroits les Évangiles sont appelés les livres des hérétiques [4].

Les chrétiens, dit Abarbanel, sont des hérétiques, parce qu'ils croient que la divinité a de la chair et du sang [5].

Est hérétique, dit l'Aigle [6], quiconque prétend que Dieu a pris un corps.

Le vieux Nizzachon écrit (page 47) à, propos d'un verset des nombres (17. 8) :

> « Les hérétiques disent que ceci concerne cette *Charja* (*stercus*, fumier), Marie, qui serait restée vierge en donnant le jour à Jésus : puisse leur esprit a crever ! »

Le même livre s'exprime ainsi (page 70) à propos d'un verset de *Jérémie* (31. 31) :

> « Les hérétiques disent que ces paroles sont une prédiction du prophète qui s'applique à Jésus, lequel leur donna l'ignominieux baptême à la place de la circoncision et institua la célébration du premier jour de la semaine à la place du Sabbat. »

Par conséquent, quand un livre de droit Juif [7], d'accord, du reste, avec tous les enseignements rabbiniques, déclare que :

> « Si le Juif en a le pouvoir il doit tuer publiquement les *hérétiques*, sinon, qu'il se couvre d'un prétexte quelconque » ;

Quand le Talmud [8] enseigne qu'on a :

> « Le droit de les exterminer à main armée. »

---

1. — D'autres éditions disent : « *Zadok et Baithos et leurs partisans.* »
2. — *Tr. Aboda*, s. f. 17, 1.
3. — *Ibid.*, 27, 2.
4. — *Tr. Tchab.*, 116, 1.
5. — *Mark. hammisch.*, f. 110, 3, Sur le *Deut.*, 32, 21.
6. — *Hagg. Maimon. Meir, Hilch. Seschufta*, c. 3
7. — *Arba Tur. Jore deah.*, 4, 158, f. 35, 4 et *chosch. ham.*, f. 138, 1, 2.
8. — *Tr. Aboda.* s. f. 4, 2. Tos.

Quand il traite des vices les plus abominables, comme l'impureté, la pédérastie, la bestialité (1).

Tout cela s'applique non pas à des peuples idolâtres disparus depuis plusieurs milliers d'années, mais à tous les peuples non juifs et en particulier aux peuples chrétiens (2).

---

1. — Voir *Aboda*, s. f. 25, 2 ; 26, 1 ; ab. s. *T. Jérus.*, f. 40, 3 ; *Tos. d'Abod.*, s. f. 2, 1 ; au commencement, f. 14, 2 ; au milieu, f. 21, 1 ; à la fin etc., etc.

2. — Au sujet des vices et de l'infamie des chrétiens, on peut lire, non pas dans un traité rabbinique du XIIe siècle, mais dans les *Archives israélites* de 1868, pages 199-200, les belles remarques qui suivent et qui furent inspirées par la coutume alors conservée dans quelques pays, de spécifier la qualité de Juif des accusés de cette nation qui comparaissaient devant les tribunaux.

« Lorsqu'un membre de l'Église anglicane ou un anabaptiste, ou un méthodiste, ou un catholique romain, ou un adhérent d'une secte quelconque, détrousse les voyageurs, ou vole un objet, ou force une serrure, ou bat fausse monnaie, ou recelé les biens volés, il accomplit un acte dont on peut dire que plusieurs autres gens de sa croyance sont parfaitement capables : on ne voit en général rien d'extraordinaire dans l'accomplissement d'une fraude ou d'un crime par un chrétien. Mais s'il arrive qu'un assassin ou un brigand professe la religion juive, cette circonstance apparait comme vraiment extraordinaire. C'est comme telle qu'elle excite l'attention de l'avocat général. Lorsqu'il note que l'accusé est Juif, il veut dire qu'il a devant lui une exception scandaleuse pour la généralité des Israélites. »

X

L'EXCOMMUNICATION

Causes de l'excommunication. — Deux degrés. — Formule de la grande excommunication.

Nous connaissons la loi du Juif talmudiste.

Comme toute société, et spécialement toute société religieuse, doit dans l'intérêt de sa propre conservation éliminer les membres réfractaires qui refusent d'obéir à la loi, ainsi le judaïsme conservateur du Talmud et des rabbins a aussi son excommunication.

Précisément aujourd'hui où le monde juif et libéral ne se lasse pas de parler de l'excommunication de l'Église catholique, il est doublement intéressant de connaître dans ses traits principaux l'excommunication ecclésiastique imaginée par les sages du judaïsme.

Parmi les causes (1) qui font encourir l'excommunication, quelques-unes méritent d'être mentionnées.

Est excommunié quiconque méprise un rabbin, serait-ce même après sa mort.

Est excommunié quiconque méprise les paroles d'un rabbin ou de la loi.

Est excommunié quiconque détourne les autres de l'observation de la loi.

Est excommunié quiconque vend son champ à un acheteur non juif.

Est excommunié quiconque prête serment contre son coreligionnaire juif devant un tribunal non juif, etc., etc.

Mais l'excommunication a trois degrés : le troisième est depuis longtemps tombé en désuétude et il suffira de décrire les deux premiers, qui sont appelés *Niddui* et *Cherem*.

---

1. — *Schulchan a. joreh. deah.*, n° 334 ; cf. *choschen ham.*, n° 28 ; *Talm. Baba k.*, 113, b.

Le degré inférieur *Niddui*, a pour effet d'isoler l'excommunié du reste de la communauté : il doit vivre séparé de ses coreligionnaires, de telle façon qu'a l'exception de sa femme et de ses enfants et de ceux de sa maison, personne ne peut l'approcher si ce n'est à la distance de quatre aunes, et que pendant toute la durée de la peine il ne peut ni se raser, ni se laver.

Dix hommes constituent une communauté sainte, comme nous l'avons vu ; s'il ne s'en trouve que neuf de présents, l'excommunié ne peut pas être le dixième ; s'il entre dans l'assemblée d'une *dizaine* sainte, il doit rester assis à distance de quatre aunes.

S'il meurt avant l'expiration de la peine, le juge fait mettre une pierre sur le cercueil, pour marquer que le défunt a mérité d'être lapidé parce qu'il est mort sans avoir fait pénitence et était exclu de la communauté. C'est pourquoi on ne porte pas le deuil de sa mort, et aucun convoi n'accompagne son corps, pas même les parents de sang.

Cette excommunication peut être prononcée même par un simple particulier, et suivant les circonstances, elle peut être rendue plus rigoureuse. Sa durée est de trente jours, mais si le coupable ne s'amende pas, elle est prolongée jusqu'à soixante, au besoin jusqu'à quatre-vingt-dix jours [1].

Si la conversion désirée n'est pas obtenue, on a recours à l'excommunication majeure, qui s'appelle *Cherenz*.

Tandis que le *Niddui* accorde à l'excommunié la coexistence avec ses coreligionnaires à la distance de quatre aunes, le *Cherem* interdit toute communauté [2].

L'excommunié ne peut ni s'instruire avec les autres, ni enseigner aux autres ; il ne peut ni manger, ni boire avec qui que ce soit ; personne n'a le droit de lui rendre un service quelconque ni d'en accepter un de lui : on ne peut que lui vendre ses aliments afin qu'il ne meure pas de faim.

Le *Cherem* doit être prononcé par dix personnes au moins.

La chose s'accomplit avec la plus grande solennité.

---

1. — Pour *Niddui*, voir *J. deah*, l. c. ; *choschen ham.*, n° 11. ; *Jad. chas. hilch. talm. tora*, c. 6, 7 ; *Reschith. chok.*, c. 7.

2. — Cf. *Buxtorf lex. talm.*, n. 828.

On allume des cierges, on sonne de la trompe et l'on prononce les plus horribles malédictions sur le pécheur. Quand l'acte est consommé, on éteint toutes les lumières pour signifier que le criminel est désormais exclus de la lumière céleste.

La formule du *Cherem* est conçue en ces termes :

« Par le jugement du Seigneur des seigneurs, que N... fils de N... soit excommunié, dans les deux tribunaux, dans le tribunal suprême et dans le tribunal inférieur ; qu'il subisse l'excommunication des saints les plus hauts et l'excommunication des séraphins et enfin l'excommunication des petites et grandes communautés.

« Que toutes les plaies, que toutes les maladies graves et affreuses tombent sur lui.

« Que sa maison soit un repaire de dragons !

« Que son étoile s'assombrisse dans les nuages ; qu'elle s'irrite et se courrouce contre lui, qu'elle lui soit funeste ;

« Que son corps soit jeté aux bêtes sauvages et aux serpents ;

« Que ses ennemis et ses contradicteurs se réjouissent sur lui ;

« Que son or et son argent soient donnés à d'autres et que ses enfants tombent au pouvoir de ses ennemis ;

« Que sa descendance exècre et maudisse son jour ;

« Qu'il soit maudit par la bouche d'Addiriron et d'Achtariel, par la bouche de Sandalphon et d'Adraniel, par la bouche d'Ansisiel et de Patchiel, par la bouche de Seraphiel et de Sangasael, par la bouche de Michael et de Gabriel, par la bouche de Raphael .et de Mescharetiel.

« Qu'il reçoive l'anathème de la bouche de Zaphzavif et de la bouche de Hafhavif qui est le grand Dieu, et de la bouche des soixante-dix noms du roi trois fois grand, et enfin par la bouche de Zortack grand chancelier.

« Qu'il soit englouti comme Korée et toute sa troupe ;

« Que son âme sorte de lui avec effroi et épouvante ;

« Que la sentence du Seigneur lui donne la mort ;

« Qu'il soit étranglé comme Achitophel ;

« Que sa lèpre soit comme la lèpre de Giezi ;

« Qu'il tombe et ne se relève plus ;

« Qu'il soit rejeté de la sépulture ;

« Que sa femme soit donnée à d'autres, et que pendant sa mort d'autres se penchent vers elle ;

« Que cette excommunication tombe sur N... fils de N... et qu'elle soit son partage ;

« Mais sur moi et sur tout Israël puissent s'étendre la paix et la bénédiction du Seigneur. Amen ! »

LIVRE IV

Notre siècle

I

LE JUIF D'AUJOURD'HUI

> Actualité des enseignements du Talmud : — 1° *Sur la vie.* Massacre de Vilna, assassinat rituel au XIXe siècle. —2° *Sur la propriété.* L'usure. Alsace et autres pays, la question Roumaine. — 3° *Sur les femmes.* Exemple de Vienne. — 4° *Sur la domination universelle.* Par la presse, la Franc-Maçonnerie, la Révolution.

Le célèbre Gerson appelait le Talmud un vaste désert parsemé de quelques herbes inoffensives fort rares et habité par des bêtes féroces et des monstres de toute espèce.

Nous avons parcouru ce désert rempli de monstres.

Mais notre siècle est un temps de progrès le progrès a-t-il détruit la nature sauvage et bestiale du Juif talmudiste ?

Un bon nombre de Juifs comme Bail, Crémieux et beaucoup d'autres nous ont appris l'existence d'une *idée juive*.

La philanthropie, l'amour des hommes, l'humanité, telle serait, paraît-il, l'idée juive par excellence :

I. — Le général de Ségur raconte dans son *histoire de la grande armée* en 1812 que vingt mille Français parmi lesquels trois cents officiers et sept généraux restèrent à Vilna.

> « Les Lithuaniens que nous abandonnions, après les avoir tant compromis, dit-il, en recueillirent et en secoururent quelques-uns, mais les Juifs que nous avions protégés repoussèrent les autres.
>
> « Ils firent bien plus ; la vue de tant de douleur excita leur cupidité. Toutefois, si leur infâme avarice se fût contentée de vendre au poids de l'or d'infâmes secours, l'histoire dédaignerait de salir ses pages de ce détail dégoûtant ; mais qu'ils aient attiré nos malheureux blessés dans leurs demeures pour les dépouiller, et qu'ensuite à la vue des Russes, ils aient précipité par les portes et par les fenêtres de leurs maisons ces victimes nues mourantes, que là ils les aient laissés impitoyablement périr de froid, que même ces vils barbares se soient fait un mérite aux yeux des Russes de les y torturer, des crimes si horribles doivent être dénoncés aux siècles présents et à venir (1). »

Ainsi parle un général français témoin des faits qu'il raconte, et il faut avouer que son témoignage contredit quelque peu les assertions de Bail et de Crémieux touchant l'humaine et pure philanthropie du judaïsme.

Ces odieux assassinats ne sont pas les seuls que notre siècle ait à reprocher aux Juifs et ils nous ramènent à la question du meurtre judaïque que nous ne pouvons qu'esquisser rapidement ici.

Un livre devenu subitement d'une extrême rareté (2) et dont la disparition est un mystère, rapporte un bon nombre de faits très précis, tout récents et qui ne donnent pas une meilleure idée de la philanthropie judaïque.

Le plus remarquable et aussi le plus connu est l'assassinat du père Thomas, capucin, qui fut mis à mort en 1840, à Damas. Le rabbin Fabius de Lyon (3), dans un discours déjà cité, a eu l'idée singulière

---

1. — *Hist. de Napoléon et de la grande Armée en* 1812, livre XII, chap. III.
2. — Achille Laurent, *Affaires de Syrie*, Paris, 1846, 2 vol. Le deuxième volume contient les pièces relatives au meurtre du P. Thomas et d'Ibrahim-Amarah, ainsi que le cas d'Akhmed-Arbach et celui du Turc Hassan et bon nombre de curieux documents.
3. — Il n'y a du reste rien de bien original dans ce stratagème de rabbin. C'est une des grandes finesses du Juif d'avoir toujours mis le jésuite à sa place et d'en avoir fait le bouc émissaire de ses propres méfaits. On parle encore de

d'imputer ce crime aux jésuites mais voici en peu de mots le récit de cette fameuse affaire.

Le père Thomas, rapporte Laurent, était en même temps médecin. Le 5 février 1840, on le vit aller dans le quartier juif avec son domestique ; le 6, il devait dîner avec le médecin du pacha. Il ne revint pas et son couvent le rechercha inutilement.

Le consul français prit l'affaire en main et réussit d'abord à établir que le barbier du quartier juif avait été mandé chez le marchand juif Harari au plus fort de la nuit. On apprit ensuite qu'il avait trouvé le père Thomas attaché et étendu par terre et qu'il avait reçu l'ordre de le tuer ; il commença par refuser, mais intimidé par des menaces il se laissa entraîner à coopérer au meurtre.

Harari porta le premier coup et un autre porta le second qui détermina la mort. Alors la chair fut détachée des os qui furent broyés et jetés dans un cloaque où on les retrouva en même temps qu'un morceau de la mâchoire avec la barbe, une partie de la peau de la tête qui portait encore la marque de la tonsure, et le capuchon du moine, bien connu de tout le monde à Damas.

On avait eu soin d'assassiner également le domestique du père Thomas qui était à la recherche de son maître le soir même du crime, et l'on avait pensé se débarrasser ainsi d'un accusateur.

Parmi les accusés, sept marchands juifs confessèrent le crime et déclarèrent que quelques jours auparavant, le Grand Rabbin avait fait savoir qu'il fallait se procurer du sang chrétien pour la prochaine Pâques.

Il est en outre important de remarquer que les accusés furent gardés séparément et interrogés isolément, et que leurs aveux concordèrent dans le récit des moindres circonstances.

Les Israélites de l'Europe entière se mirent en mouvement pour empêcher l'exécution et obtenir l'acquittement des coupables.

---

subtilité jésuitique, de casuistique jésuitique, etc., comme s'il y avait d'autres moralistes retors, d'autres casuistes roués, d'autres tourmenteurs de textes que les talmudistes et les rabbins. C'est *judaïque* et non pas jésuitique qu'il faut dire, pour être dans la justice et dans la vérité. On en a vu vingt preuves pour une dans ce livre, et l'on se plaira h reconnaître dans ce procédé la vieille roublardise qui inspira à Joseph l'idée de cacher sa coupe dans le sac de Benjamin.

Ils se plaignirent amèrement qu'aujourd'hui encore, on pût bien prétendre qu'il subsistait un culte exigeant l'emploi de sang humain.

Mais s'ils tenaient leurs frères de Damas pour innocents, pourquoi ne produisirent-ils pas les preuves de leur innocence ?

Pourquoi offrirent-ils des sommes d'argent et des présents à tous les membres des consulats français et autrichien ?

Et quand on a pour soi la vérité, a-t-on besoin de corrompre ses juges ?

Les Juifs offrirent 200,000 piastres à la chancellerie française et 500,000 à un avocat. Mais quand tout fut reconnu inutile, Crémieux se mit en route pour l'Orient avec une nombreuse suite, et, avec l'appui de l'Angleterre, il obtint de Mehemet-Ali la déclaration suivante :

> « Sur les instances de Crémieux, délégué de tous les sectateurs européens du mosaïsme, nous avons reconnu que ceux-ci désirent la délivrance des prisonniers ; et comme il ne conviendrait pas de refuser d'accéder aux désirs d'une aussi nombreuse population (celle de l'Europe, sans doute), nous ordonnons que les prisonniers soient mis en liberté. »

Ce décret ne fait aucune mention de l'innocence des accusés, mais il s'appuie uniquement sur la volonté du souverain, basée sur le désir exprimé par la nombreuse population juive de l'Europe, désir qui n'a pas pour objet une justification des coupables, mais tout simplement leur mise en liberté.

Pourquoi donc Crémieux n'a-t-il pas insisté pour obtenir une revision du procès afin de faire éclater aux yeux du monde l'innocence de ses frères ? L'Orient tout entier est convaincu de la culpabilité des Juifs, mais l'influence et l'or des Juifs sont puissants.

Il est à remarquer que la presse juive n'a pas jugé bon de discuter le livre de Laurent : mieux valait le faire disparaître silencieusement, et c'est à quoi l'on a presque pleinement réussi.

On a beaucoup écrit sur l'emploi rituel du sang chrétien dans les âges anciens : les preuves historiques de faits nombreux subsistent en si grande quantité que l'ignorance seule peut conserver des doutes. Palikowski, Eisenmenger et les *Annales de l'Église* fournissent des exemples empruntés à tous les siècles. Souvent les Juifs savent se dérober à la condamnation devant les juges, mais qu'est-ce que cela veut dire, quand on sait ce que c'est que la corruption et la vénalité ? Que n'a-t-on pas vu à cet égard dans le procès du P. Thomas ?

Un procès, jugé à Saint-Pétersbourg en 1831, donna lieu aux faits suivants. Il s'agissait du meurtre de l'enfant d'un soldat :

1. — Deux juges reconnaissent le meurtre accompli par des Juifs dans un but superstitieux comme démontré ;
2. — Un juge déclare les Hébreux absolument convaincus d'avoir commis le crime, mais réclame un adoucissement de la peine, parce que ceux-ci ont accompli le fait *avec la conviction qu'ils servaient Dieu* ;
3. — Un autre juge déclare les accusés indubitablement coupables, mais réclame aussi un adoucissement de la peine ;
4. — Un cinquième, après examen des circonstances du fait, est persuadé qu'il y a parmi les Hébreux des égarés qui, aujourd'hui encore, commettent des crimes de ce genre, mais estime que dans le cas en litige la preuve n'est pas suffisamment faite ;
5. — Le procureur général se range à l'avis des deux premiers (1).

Or, nous apprenons par Stobbe que les accusés ont été remis en liberté.

Assurément, c'est un crime d'élever même un soupçon quand les preuves ne sont pas absolument convaincantes, mais qu'on veuille bien prendre garde que ce n'est pas de la sentence d'un tribunal qu'une preuve reçoit sa force.

On voit des crimes sans nombre sur lesquels l'histoire a fait la lumière, mais que les tribunaux du temps ont laissé passer impunis.

Quiconque pèse ces considérations et sait avec quelle énergie des hommes dignes de foi de tous les temps ont stigmatisé la soif de sang du rabbinisme, ne peut penser sans effroi « au nombre considérable

---

1. — *Anklagen der Juden in Russland, aus den Crimina-lacten* ; Leipzig, Engelmann, 1864.

d'hommes, de femmes et d'enfants qui dans certaines grandes villes de l'Europe disparaissent pour toujours, au grand effroi de leur entourage, sans laisser la moindre trace (1). »

Sans parler de la fameuse affaire de Tisza-Elzlar, de celle plus récente de Breslau et d'un grand nombre de faits signalés cette année même en Hongrie (2), le procès de Damas, les révélations d'Eisenmenger, et les aveux d'un grand nombre de Juifs sincèrement convertis, attestent unanimement combien le Juif pieux, le zélé et le plus souvent le rabbin, sont altérés et friands de ce sang chrétien qui leur rend si doux leur régal de Pâques.

Le meilleur conseil qu'on puisse donner est donc de ne pas s'isoler au milieu des Juifs : qu'on se rappelle, en effet, ce que nous avons établi au Chapitre *De la vie des non-Juifs*.

Rien de plus curieux d'ailleurs que cette glorification du meurtre et du suicide, si étrangère aux principes chrétiens, si chère au journal, au feuilleton et à la littérature juive qui est à ce point de vue l'héritière modernisée, mais facilement reconnaissable de la vieille littérature talmudique.

II. — Toutefois, dans le siècle présent, la plupart des accusations sont relatives à la propriété.

Le Juif Bail (3), confesse en 1816, que sur 42 cas de vol ou de fraude jugés à Leipzig, 11 ont pour auteur des Juifs. Il est à remarquer que Bail cite ce fait comme un argument en faveur de l'émancipation des Juifs, car il ajoute qu'en France, le Juif ayant la liberté est devenu honnête homme.

Mais Cerfberr remarque tout au contraire « qu'un simple calcul de statistique fera comprendre facilement toute la vérité (4)... »

Tous calculs établis, il trouve, dans les prisons de France, deux fois plus de Juifs que de chrétiens, car la proportion serait pour les Juifs d'*un* condamné sur mille habitants juifs, et pour les chrétiens

---

1. — Des Mousseaux, *Le Juif*, p. 186.
2. — En particulier celui de la jeune Agnès Marcus qui, saignée et ensuite violée par deux Juifs qui la laissèrent pour morte, n'a pas encore obtenu justice après trois ans.
3. — *Les Juifs au XIXᵉ siècle*, p. 24. Paris, 1816.
4. — *Les Juifs*, etc. Introduction.

d'*un demi* sur mille habitants chrétiens.

Il est en outre à propos de remarquer :

« Que la différence entre le nombre des condamnés juifs et chrétiens est bien plus grande encore quand on vient à considérer la nature des crimes.

« Les condamnés israélites ne sont point des cultivateurs que la moisson absente accable de misère, ce ne sont point de malheureux ouvriers que la crise commerciale oblige, faute de travail, de commettre un emprunt forcé au détriment du boulanger du coin ; ce ne sont pas des querelleurs que la loi punit pour coups et blessures ; s'il en est qui ont attenté à la pudeur avec violence ; ils sont en petit nombre, leurs passions ne vont pas souvent jusque-là ; il faut dire qu'ils ne sont pas meurtriers, car il faut quelque courage pour y aller de sa personne et risquer sa tête [1]...

« Ce qui distingue leur genre de criminalité, ce sont des crimes d'une perversité plus profonde, parce qu'ils sont le résultat de la réflexion, de la préméditation. Ces crimes sont l'escroquerie, le faux, l'usure, la captation, la banqueroute frauduleuse, la contrebande, la fausse monnaie, les tromperies en matière de recrutement, la concussion, la fraude, le vol enfin sous toutes ses formes et avec toutes ses aggravations. »

En outre, il faut faire entrer en compte :

« Combien par leur nature, leur caractère, par les réticences mentales qui leur permettent de prêter le serment civil par lequel ils ne se croient pas engagés, ils sont plus rusés que les chrétiens, et l'on comprendra que le nombre des Juifs qui échappe à la vindicte publique, est supérieur, peut-être, à celui qui est sous les verrous et qui ne renferme certes pas les plus coupables. »

Le même auteur constate que :

« L'usure a procuré aux Juifs la propriété de la moitié de l'Alsace. C'est, dit-il, la grande plaie de notre époque... La petite propriété est dévorée par ce chancre qui ronge tout. Il faudrait un volume pour énumérer les moyens honteux et perfides, employés par les Juifs pour attirer à eux toutes les parcelles de terrain qui excitent leur convoitise. Ce ne sont plus les Juifs qui se recouvrent du sac de

---

1. — L'auteur remarque qu'ils commettent peu d'infanticides et explique ce fait par le sentiment de la famille. Nous ne partageons pas cette manière de voir, car ce n'est pas en général dans les familles que les infanticides se commettent. On a trouvé au chapitre *de la Femme* des raisons plus plausibles et plus concluantes.

douleur ; ce sont les paysans de nos campagnes.

> « ... Le Juif allemand est le type et le prototype du Juif tel qu'on le dépeint : il est astucieux, avide, rapace, sans foi et sans loi, quoique d'une dévotion fanatique... mais s'il prie Dieu, ce n'est que pour lui demander le bien-être matériel (1). »

C'est sur celui-là, et sur ses attentats à la propriété que Bismark s'exprimait avec indignation au Landstag prussien, en 1847.

> « Je connais une contrée, disait-il, où la population juive est nombreuse dans les campagnes, où il y a des paysans qui ne peuvent rien nommer leur propriété, dans tout le coin de terre où ils demeurent. Depuis le lit jusqu'aux pincettes, tout le mobilier appartient au Juif. Le bétail dans l'écurie appartient au Juif, et le Juif vend au litre au paysan le grain pour son pain, pour ses semences et pour son bétail (2). »

Dans la même session, le ministre de la justice rendait compte des résultats des statistiques et après avoir établi que toute proportion gardée, le chiffre de la criminalité chez les Juifs était près de deux fois supérieur à celui de la criminalité des Chrétiens, il concluait en disant que presque tous leurs crimes étaient commis contre la propriété par avidité ou par rapacité (3).

> « Les hommes les plus compétents, écrit Meinhold, conviennent unanimement que la Poméranie ultérieure, l'une de nos provinces prussiennes les meilleures au point de vue de la richesse du sol, n'est aujourd'hui si endettée que par suite de l'oppression et de l'usure des Juifs. Ils ne se contentent pas d'un intérêt de 10 ou de 12 p. 100 : je pourrais énumérer des exemples, où, malgré toutes les garanties possibles, ils se faisaient souscrire 100 pour 100 d'intérêt pour tirer un homme d'un embarras momentané.
>
> « C'est le Juif qui fait tout, qui négocie tout, qui procure tout : il offre et met en vente les filles de service, les domestiques, les terres et même les femmes à marier. À certaines époques et spécialement au temps du marché aux laines, on les voit courir en troupes, poussant devant eux de petits wagonnets dans lesquels, au dire de leurs propres coreligionnaires, ils versent du plomb pour tromper les paysans sur le poids.
>
> « Dans la ville de S., qui ne compte pas plus de 12,000 habitants,

---

1. — Cerfberr, p. 38-39.
2. — *Allgemeine preuss. Zeitung.*, 20 juin 1847.
3. — *Id.*, 19 juin 1847.

chacun des nombreux Juifs qui y sont établis, est banquier, et fait avec les paysans aisés, un commerce fort lucratif des valeurs et des effets publics.

« Dans un autre endroit, ils ont si bien supplanté des commerçants chrétiens, qu'il ne reste actuellement qu'un seul de ceux-ci sur pied : encore n'est-il que trop certain qu'il marche au-devant d'une culbute prochaine (1). »

« Parmi les industriels de Vienne, dit Hermann Kuhn, les Juifs forment, d'après la statistique criminelle, la plus grande partie de ceux que la justice atteint, quoiqu'ils mettent la plus grande adresse à se soustraire à ses coups. Grâce à la presse juive, qui proscrit tous les principes chrétiens, il n'y a ni bonne foi, ni honnêteté dans les affaires. La grande feuille juive, *la Presse*, a pour devise : Droits égaux pour tous. Mais donner des droits égaux à des gens qui nient toutes les lois de la morale chrétienne, c'est créer des vampires pour ceux que retient la loi chrétienne sur la fraude et le vol (2). »

Le pharmacien qui frauda toute l'armée prussienne pendant la guerre de 1866, en fournissant des produits falsifiés, le criminel qui voulait laisser tous les pauvres blessés sans secours contre leur mal, n'était autre qu'un Juif allemand.

Veut-on savoir la vérité sur la querelle entre Juifs et Roumains dont on a tant parlé et qui est loin d'être apaisée ?

Un français, professeur de l'Université, Ernest Desjardins (3), a traité la question dans une remarquable brochure et est arrivé aux résultats suivants :

Pour tout homme impartial qui lira attentivement cette brochure, il sera prouvé ;

Que les Juifs ne sont pas établis en Roumanie depuis le temps de Titus comme ils le prétendent, mais depuis un certain nombre d'années seulement ;

Qu'ils sont actuellement plus de 400,000 — après avoir été 25,000 en 1825, 55,000 en 1844, 400,000 en 1868 d'après

---

1. — *Sidonia*, 3, 312. Leipzig, 1848.
2. — *Arch*. 3. 4868 p. 441.
3. — Voir *Archives israélites*, 1868, 1er mars.

Crémieux lui-même ;

Qu'ils sont pour la plupart étrangers au pays, étrangers de naissance, comme de volonté, de mœurs d'esprit et de langue et qu'ils s'obstinent à demeurer tels ;

Qu'ils exploitent furieusement et par tous les moyens le pays qui leur donne l'hospitalité ;

Qu'ils s'efforcent d'éluder toutes les lois qui les régissent et de se soustraire à toutes les obligations qu'elles imposent aux citoyens ;

Qu'ils sont ignorants, superstitieux, avares, menteurs, usuriers, fourbes et hideusement sales ;

Enfin que le motif religieux n'a aucune part dans les mesures prises par le gouvernement, ni dans l'hostilité que la population leur témoigne.

Tel est en résumé le résultat de l'enquête consciencieuse à laquelle s'est livré M. Desjardins.

Elle est d'ailleurs confirmée en tous points par l'exposé des motifs du projet de loi présenté à la chambre roumaine :

> « L'invasion des Juifs en Roumanie a pris dans ces dernières années des proportions si considérables qu'elle a épouvanté les populations roumaines ; car elles se voient inondées d'une race à part et hostile, qui a formé à côté de la nation roumaine une nationalité étrangère et opposée aux intérêts de celle-là.
>
> « L'indifférence qu'on a montrée jusqu'ici en présence de cette sourde conquête de notre terrain économique et national a produit dans l'économie de l'État des perturbations profondes... Les Juifs forment aujourd'hui une population flottante de plus de 500,000 âmes, sur laquelle aucune influence locale ni sociale du milieu où elle vit n'exerce le moindre pouvoir. Et cela vient de ce que la race juive se distingue des Roumains par son origine, ses mœurs sa langue, ses traditions, sa religion et sa morale.
>
> « Il s'est formé au milieu de la société roumaine un monopole monstrueux qui a détruit complètement le commerce et la petite industrie, en sorte que les Juifs sont devenus aujourd'hui les maîtres absolus de nos places commerciales.
>
> « Le travail du peuple dans ces conditions ne produit plus ses effets salutaires.
>
> « Le commerce accaparé par les Juifs détourne de leurs cours les bénéfices du travail, car les capitaux produits par le commerce qui

autrefois fructifiaient entre les mains des Roumains et revenaient par mille canaux alimenter de nouveau les sources de la production, sont aujourd'hui aliénés et détournés de la sphère d'activité nationale.

« La concentration de nos capitaux entre des mains étrangères, à part le danger économique qu'elle présente, a produit un autre mal qui atteint profondément l'ordre moral de l'état roumain.

« Possesseurs de sommes immenses et naturellement enclins à exploiter ceux d'une autre race, poussés par leur instinct prédominant de rapacité, les Juifs se sont adonnés à l'usure sans la moindre réserve, et sur une telle échelle qu'ils ont dépouillé et réduit à la misère des milliers de familles opulentes. L'usure est devenue une plaie affreuse qui s'est étendue sur tout le corps social et qui sèche la source même des forces vitales de la nation.

« Cette monopolisation des capitaux est la cause la plus naturelle de la crise monétaire qui afflige depuis tant d'années le pays...

« Les dominateurs, n'ayant plus devant eux aucun obstacle, ne sentant plus aucune opposition, créent des gênes et des crises factices et s'ingénient à trouver, même dans la misère du peuple, toute sorte de moyens d'extorsion pour satisfaire leur insatiable avidité, car la misère est productive pour ceux qui ont la cruauté de l'exploiter.

« Les progrès de cette coalition des Juifs sont allés jusqu'à monopoliser les boissons et les objets d'alimentation publique... en sorte que, outre la cherté arbitraire des aliments publics en temps normal, cet accaparement a produit encore des effets désastreux en temps de disette générale. La classe laborieuse est la plus menacée de l'avidité des monopolisateurs qui emploient mille falsifications et mille mélanges nuisibles à la santé publique...

« L'histoire nous prouve d'une manière formelle que le judaïsme est caractérisé par l'exclusivisme le plus sévère. Forcés par le besoin, les Juifs se soumettent extérieurement à l'autorité des états non juifs, mais jamais ils ne peuvent consentir à en devenir une partie intégrante. Ils ne peuvent effacer de leur esprit l'idée de l'*état judaïque*, idée que nous voyons, à toute occasion, ressortir forte et vivace de toutes leurs actions. C'est pourquoi le Juif de l'Espagne, de l'Angleterre, de la France et de la Pologne, n'est ni Polonais, ni Français, ni Anglais, ni Espagnol : il reste toujours Juif comme ses ancêtres des temps bibliques.

« Quelque part qu'on les transporte, soit en grand nombre, soit en petit nombre, ils introduisent partout, par l'effet même de leur présence, des germes de destruction et de dissolution, car leur tendance est de s'élever partout sur la ruine des autres. Ils se croient déliés de toute reconnaissance (1) envers les peuples qui leur ont donné l'hospitalité, parée qu'ils les regardent comme des usurpateurs ; et c'est pourquoi ils font usage de *tous les moyens* pour acquérir de nouveau les droits de suprématie sur l'univers, droits qu'ils se croyaient assurés par leur antique pacte religieux.

« Les Juifs peuvent d'autant moins invoquer la tolérance que leur religion est la plus exclusive et la plus oppressive, car non seulement le judaïsme n'admet personne au sein de sa famille religieuse, mais il condamne à la haine et à la persécution perpétuelle tous ceux qui n'appartiennent pas à la race israélite, et entretient la guerre continuelle contre les hautes idées morales dont sont pénétrées toutes les institutions des États chrétiens, idées qui forment la base de notre société civile (2). »

Nous sommes bien loin d'approuver la moindre injustice contre les Juifs même coupables : nous nous contentons de dire avec les papes :

Mettez à jour le crime du Juif, quand il a méfait ; punissez-le conformément aux lois ; reprenez-lui ce qu'il a volé.

Mais il n'est pas permis de lui prendre ce qui est légitimement à lui, ni de le punir plus que ne le méritent ses méfaits, ni encore moins de lui ôter la vie quand il n'a pas lui-même donné la mort à d'autres.

Nous demandons en outre : qu'est-ce qui a excité l'indignation des Roumains sinon l'usure et les vols des Juifs ?

La presse juive le nie, mais nous savons que le Talmud permet de mentir pour conserver la paix, et le Juif Bédarride nous apprend en 1861 qu'Israël n'exerce pas l'usure, parce qu'il ne *peut pas* exercer l'usure (3) chose toute naturelle, car il ne peut pas davantage tromper, ni voler, puisqu'il se borne à reprendre aux étrangers ce qui est à lui de plein droit.

On se tromperait grandement, dit

---

1. — L'exemple le plus frappant est celui des papes : Rome est notre paradis, disaient les Juifs au moyen âge. Il faut voir comment les *Archives israélites* (juin 1867) mouchent le Juif Mirés qui s'était permis de dire qu'Israël devait de la reconnaissance aux papes.
2. — *Archives israélites*, 1er et 15 mai.
3. — *Les Juifs*, p. 430. Paris, 1864.

l'avocat Hallez (1), si l'on croyait :

« Que le régime de la liberté et du droit commun a produit des améliorations notables dans la moralité des Juifs. »

Et il ajoute (2) :

« Depuis quatorze siècles, les Juifs ont conservé presque intactes leurs pratiques superstitieuses et leurs mœurs nationales, et ces pratiques et ces mœurs filles de la civilisation orientale, sont complètement incompatibles avec les conditions de la société moderne. »

III. — C'est ce que disent en deux mots les « *Feuilles politiques et historiques* (3) de l'année 1848 » : Les Juifs sont les prédicateurs de l'impudicité et de la révolution.

Le chapitre de l'impudicité des prétendus Juifs distingués a été magistralement traité par J. Gross-Hoffinger. Il nous a dépeint les riches banquiers de Vienne, les spéculateurs, les rois de la Bourse menant au pied de la lettre *la chasse aux belles filles*.

« Leurs propres femmes, dit Hoffinger, leur paraissent trop bonnes pour être sacrifiées au plaisir. Ils les tiennent à l'abri et se gardent de les séduire et de les déshonorer„ c'est pourquoi ils cherchent parmi les races qu'ils regardent comme destinées à leur être asservies les jeunes filles les plus pures et les plus intactes. Et quand toute l'aristocratie juive de l'argent s'est rassasiée à plaisir de l'innocence de ses victimes, alors elle les rend à la chrétienté et les jette dans les abîmes de la plus basse prostitution. La noblesse joint à ses vices un reste de ses antiques vertus, elle est libérale et conserve encore aux victimes de ses plaisirs quelques marques de sentiment : le Juif, lui, les repousse avec mépris et les foule sous ses pieds (4). »

Quant aux classes inférieures du judaïsme, elles excellent dans la pratique de l'entremettage et des négoces semblables comme on le voit à Hambourg. Les livres et les gravures les plus obscènes sont mis en vente par des Juifs. Un des plus méprisables d'entre ces drôles s'est fait espion en reconnaissance de l'autorisation que lui avait donnée la police (5).

---

1. — *Des Juifs en France*, p. 239. Paris, 1845.
2. — *Ibid.*, p. 262.
3. — *Hist. pol.* Blaetter, 1848.
4. — *Die Schicksale der Frauen.* Leipzig, 1847, p. 40.
5. — *Entschleierte Geheimnisse der Prostitution in Hamburg.* Leipzig, 1847, p. 84.

Nous avons vu ailleurs en combien de lieux et dans quelle mesure les basses classes de Juda s'adonnent à la prostitution, et ces faits justifient pleinement le jugement des *feuilles historiques* touchant l'immoralité du judaïsme.

IV. — Quant à la révolution, chacun se souvient encore de la haute protection qu'elle trouva près des Juifs en 1848, et l'Anglais Disraeli a dit à son sujet :

> « La puissante révolution qui se prépare en Allemagne se développe sous l'influence des Juifs (1). »

Rougeyron fait en 1841 la même remarque et motive son opinion en constatant :

> « Qu'il y a en Allemagne des éléments révolutionnaires effrayants et que le plus puissant est la Juiverie, laquelle avec ses publicistes, ses philosophes, ses poètes, ses orateurs, ses banquiers, est révolutionnaire du tout au tout, et fera naître un jour terrible pour l'Allemagne, auquel succédera probablement un jour qui sera terrible pour elle (2). »

De même, Toussenel écrivit en 1847 son livre resté fameux : *Les Juifs rois de l'époque*.

> « La féodalité financière, dit-il, a, pour faire connaître son bon plaisir aux hommes du gouvernement nominal, son journal officiel, *le Journal des Débats*.
>
> « La haute banque a obtenu de la servilité ministérielle que les nouvelles officielles fussent publiées dans le *Journal des Débats* avant de l'être dans le *Moniteur universel*. Ce sont les articles du *Journal des Débats*, rédigés par quelques affidés de la maison R..., qui font la hausse et la baisse à la Bourse. On a osé imprimer que tout ministère était tenu de payer au *Journal des Débats* une énorme contribution de guerre.
>
> « Il y a eu de grands ministres qui ont essayé de s'affranchir de ce protectorat onéreux, M. de Villèle entre autres. Mais M. de Villèle fut renversé par une coalisation dans laquelle les *Débats* figurèrent glorieusement, et le ministère Martignac qui lui succéda fut obligé de rembourser au *Journal des Débats* les trois années de l'arriéré dû par M. de Villèle.

---

1. — Disraeli, *Coningsby*, p. 183. London, 1844.
2. — Rougeyron, *De l'Antechrist*, p. 28, 1861.

« M. Thiers eut aussi, à ce qu'on assure, la velléité de se révolter contre le despotisme des *Débats*. Mais un seul revers d'article terrassa le présomptueux qui demanda pardon et se hâta de conclure la paix avec le caissier du journal. L'acte de contrition fut accepté.

« M. Guizot et M. Duchâtel s'honorent de leur empressement à exécuter les moindres ordres des *Débats*. »

« Si c'est possible, c'est fait ; si c'est impossible, on le fera. »

« La dévotion de M. de Montalivet au *Journal des Débats* dépasse les bornes de la servilité. C'est à proprement parler le *Journal des Débats* qui règne à l'intérieur quand M. de Montalivet est ministre.

« C'est lui qui a encombré tous les offices publics des pires écrivains des *Débats* et qui a habitué l'opinion à considérer le *Journal des Débats* comme l'organe du château, du parti de la cour. Et comment en aurait-on douté, quand on voyait figurer sur la liste des rédacteurs du journal tous les noms des précepteurs des princes ?

« Or, le *Journal des Débats* est l'organe officiel de la haute banque et non pas du château. Il protégera la cour tant que la cour se montrera docile aux volontés des puissants seigneurs de la rue Bergère et de la rue Laffitte ; sinon, non ; et son dévouement à la dynastie n'ira jamais plus loin. Le *Journal des Débats* a enterré beaucoup de dynasties dans sa vie, et il y a longtemps qu'il a juré de ne plus s'attacher des institutions si fragiles.

« C'est une véritable puissance qui est presque officiellement reconnue en Europe et qui s'amuse quelquefois à piquer aux naseaux l'empereur de Russie. Il n'y a pas de beau couronnement d'empereur d'Autriche ou de reine d'Angleterre sans un envoyé extraordinaire des *Débats*.

« Je vous défie d'entrer dans une bibliothèque publique, dans un amphithéâtre du Collège de France ou de la Sorbonne sans vous cogner la tête à un rédacteur des *Débats*. La cour de cassation, la cour des comptes, le conseil d'État, les ambassades, le conseil royal de l'instruction publique, tout est de son ressort. M. de Broglie avait eu l'excellente pensée de rendre une ordonnance qui réservait les consulats aux élèves de l'école des consuls : l'ordonnance de M. de Broglie n'a jamais eu de signification. La véritable école, l'unique école des consuls est le *Journal des Débats*. Les *Débats* ont leur consul général à Bagdad (un Juif), un autre à Alexandrie, un autre à Jérusalem, un autre à Gênes, sans compter un ambassadeur à Constantinople.

« Étonnez-vous après cela que la France soit si dignement représentée au dehors ! Étonnez-vous que la France soit déjà tombée dans l'esprit des peuples au rang de puissance de second ordre, et descende si rapidement la pente de l'abaissement continu (1) ! »

Cette page d'histoire rétrospective n'a rien perdu de son intérêt ; mais que de chemin parcouru de Toussenel à Drumont !

Quoi qu'il en soit, l'action de cette puissance occulte si bien décrite par Toussenel rend plus claire la parole connue de Disraeli :

« Le monde est gouverné par de tout autres gens que ne se le figurent ceux qui ne voient pas derrière les coulisses. La diplomatie russe toute pleine de mystères, et devant laquelle l'Europe frémit, qui est-ce qui l'organise et la mène ? Les Juifs. En Espagne, à Paris et ailleurs, il en est absolument de même (2) ! »

« Un nouveau règne messianique, une nouvelle Jérusalem va s'élever à la place des papes et des empereurs, dit avec une clarté qui ne laisse rien à désirer, Crémieux, de son vivant président de cette alliance israélite qui enserre le monde entier. »

Et cette parole n'est que celle du Talmud, selon qui tous les peuples, la terre et ce qui la remplit appartiennent à Israël.

En 1866, le Juif Bérend mourut à Bruxelles en libre penseur. Le Grand Rabbin de Belgique, Astruc, présida aux funérailles et fit entendre cette parole significative :

« Bérend a pu devenir libre penseur en restant israélite... Voilà pourquoi la franc-maçonnerie et aussi la libre pensée ont pu intervenir sans aucun obstacle à côté du judaïsme, sur le tombeau d'un frère, d'un ami, d'un coreligionnaire que tous, Israélites, francs-maçons et libres penseurs regrettent également (3). »

Cet aveu d'Israël est précieux et il s'accorde merveilleusement avec le fait depuis longtemps connu que Crémieux fut à la fois grand maître de la franc-maçonnerie française et président de l'Alliance israélite.

D'où vient cet accord entre Juda et la Loge ? Nous répondons par une autre question : D'où vient que jadis Juda tressa des

---

1. — Toussenel, t. II, p. 6 et suivantes.
2. — Disraeli. *Coningsly*, p. 183.
3. — *Archives israélites*, 1866, p. 927-28.

couronnes à l'arianisme comme il en tresse encore aujourd'hui (1) à Voltaire, à Volney, Garibaldi ?

Le vrai christianisme et l'état chrétien lui sont également odieux. Égalité de tous les hommes, égalité des droits de chacun, dit la belle parole ; par suite, division et confiscation de la propriété, renversement par la révolution et les loges de toutes les puissances qui dans l'Église et dans l'État constituent des éléments de résistance ; cela fait, partage du butin entre les vainqueurs et les pillards, tandis que les pillés regarderont faire. Alors la parole de Crémieux, président de l'Alliance israélite sera réalisée et la nouvelle Jérusalem sera établie à la place des trônes des papes et des empereurs.

Pauvre loge qui s'imagine régner et qui n'est qu'un outil dans la main de Juda !

Il faut entendre les soupirs que poussait un maçon au sujet de la puissance de Juda (2) lors de la publication d'une brochure d'Alban Stoz sur la maçonnerie. Un regard jeté derrière les coulisses l'avait éclairé et mis en émoi.

> « La puissance que Juda s'est acquise au moyen de la franc-maçonnerie est maintenant à son apogée, écrit-il. Elle est présentement tout aussi redoutable pour le trône que pour l'autel. Quoique exclus de certaines loges, les Juifs siègent dans toutes les loges du monde. Il y a à Londres deux loges juives qui réunissent dans leurs mains les fils de tous les éléments révolutionnaires existant dans les loges chrétiennes. C'est Juda qui constitue la tête de toutes les loges, et les loges chrétiennes ne sont que des marionnettes aveugles qui sont mises en mouvement par Juda et qui, la plupart du temps, n'en ont pas le moindre soupçon. Une loge dirigeante entièrement composée de Juifs existe aussi à Rome ; elle est également un des tribunaux suprêmes de la Révolution et gouverne les autres loges au moyen de têtes inconnues. À Leipzig la loge juive secrète fonctionne en permanence au temps de la foire : pas un chrétien n'en a l'accès. À Hambourg et à Francfort les émissaires secrets sont seuls admis. Puissent les grands comprendre enfin que les loges ne travaillent à semer la révolution que dans l'intérêt du judaïsme ! Puissent-ils comprendre la parole de Burke ! Il vient un temps où

---

1. — *Archives israélites* 1867, p. 463.
2. — *Pol. hist.* Blaetter, 1862.

les princes seront forcés d'être des tyrans, parce que leurs sujets seront des rebelles par principes. »

C'est dans les salles des loges, dit le Juif Bœrne, que, sous la garde du secret, les nobles de toutes les classes apprenaient les secrets qui dans la société profane étaient décriés sous le nom d'hérésies [1].

Le Juif Mendizabal fut l'âme de la révolution de Portugal en 1820 ; il opéra la prise de Lisbonne et d'Oporto et en 1830 introduisit la révolution en Espagne, grâce sa puissante influence maçonnique sur les Juntes ; la révolution maçonnique l'éleva au rang de ministre président d'Espagne [2].

De même le grand maître Crémieux fut nommé ministre de la justice par la révolution française de 1848, révolution faite par les loges, comme le reconnurent Lamartine et Garnier-Pagès, de même que celles de 1789 et de 1830 [3].

Si maintenant le Juif moderne, comme Crémieux et ses pareils, ne veut pas entendre parler des contes et des niaiseries du Talmud, on reconnaît sans peine, que le rêve de la domination universelle du judaïsme n'a pas cessé d'être son idée favorite. Pour atteindre ce but, dans cette lutte où tous les moyens sont permis par le Talmud, le Juif talmudiste donne la main au Juif moderne, et tous deux marchent d'accord.

S'il en était autrement, comment s'expliquerait-on qu'au concile juif tenu à Leipzig le 29 juin 1869, où comparurent les grands rabbins de Turquie, de Russie, d'Allemagne, d'Angleterre, de France, des Pays-Bas, de Belgique, etc., et où les orthodoxes et les réformés constituèrent deux fractions se tenant l'une et l'autre en équilibre, comment s'expliquerait-on que la thèse commune aux uns et aux autres ait été formulée en ces termes :

« Le synode reconnaît que le développement et la réalisation des idées modernes constituent la plus sûre garantie pour le présent et pour l'avenir du judaïsme et de ses enfants.

---

1. — *Hist. pol.* Blaetter, 1862, p. 430.
2. — *Ibid.*
3. — *Ibid.*

Nous avons d'ailleurs appris d'un des principaux organes de l'Alliance israélite que la révolution avec son égalité et sa fraternité était l'étoile d'Israël, celle qui avait éclairé et éclairerait encore davantage les ténèbres (1).

Faut-il enfin rappeler que l'un des principaux chefs de l'Internationale était le Juif Marx de Londres (2) ?

La révolution n'est donc que l'œuvre judaïque par excellence, celle qui permettra à Israël de réaliser enfin le rêve des vieux talmudistes et de régner sur les peuples dupes qui se seront détruits eux-mêmes.

---

1. — *Univers israélite*, 5 sept. 1867, p. 34.
2. — *Die Macht des Judenthums* par Schraff-Schraffenstein-Stuttgart, 1871.

II

APPRÉCIATIONS DES MODERNES

Opinions de Kant — de Fichte — de Herder — de Schopenhauer — de Klüber.

Il est raconté dans l'*Itinerarium Philippi a Trinitate* (1) qu'un Juif voyageait un jour en compagnie de plusieurs chrétiens.

Chacun des voyageurs était pour les autres un bon et fidèle compagnon de route et l'on se rendit de part et d'autre tous les services possibles.

Touché de la bonté des chrétiens, le Juif dit à l'un deux au moment où ils se séparaient :

« Tu sais combien de marques de bienveillance nous nous sommes données pendant notre voyage. Mais sache que la haine qui brûlait dans mon cœur n'en était pas moins grande. En récompense de tes services, je veux te donner un conseil :

« Ne te fie jamais à un Juif, quelle que soit l'amitié qu'il te témoigne. »

Mais cette parole remonte au *sombre* et *barbare* moyen âge. Écoutons donc les sages et les philosophes de notre temps.

« Les Palestiniens qui vivent parmi nous, dit Kant, se sont attiré, par leur esprit usuraire, une réputation de trompeurs bien fondée dans la très grande majorité des cas. À vrai dire, il semble étrange de se figurer toute une nation de voleurs, mais il est tout aussi étrange de se figurer une nation composée exclusivement de trafiquants qui dédaignent l'honneur d'être citoyens du pays qui les accueille, et qui lui préfèrent l'avantage qu'ils trouvent à en tromper les habitants... »

---

1. — Kant, *Anthropologie in pragmatischer Hinsicht*. Leipzig, 1833, 4ᵉ éd., p. 127.

La remarque de Kant sur cette nation « *composée exclusivement de commerçants* » se rapporte exactement à cette parole du Talmud :

« Il n'y a pas de pire profession que l'agriculture. Si vous avez cent pièces d'argent dans le commerce, vous pouvez tous les jours manger de la viande et boire du vin ; mais si vous employez vos cent pièces d'argent à l'agriculture, vous ne pouvez manger que du sel et de l'herbe (1). »

« Sur presque tous les pays de l'Europe, dit Fichte, s'étend un état puissant et ennemi qui vit en guerre continuelle avec tous les autres et pèse effroyablement sur les citoyens : c'est le judaïsme.

« Je ne crois pas qu'il soit si terrible uniquement parce qu'il forme un état isolé, séparatiste et étroitement enchaîné, mais bien *parce que cet état est fondé et bâti sur la haine du genre humain tout entier.*

« D'un peuple qui voit dans tous les peuples les descendants de ceux qui le chassèrent de sa patrie, d'un peuple qui amoindrit son corps et son esprit et anéantit en lui tout noble sentiment en se vouant à de vils trafics et à l'usure, d'un peuple qui se sert du lien le plus sacré qui unisse les hommes de sa religion, pour s'interdire de se mêler à nos repas, de boire à notre coupe joyeuse, de partager la douce ivresse de notre gaîté, d'un peuple qui veut être séparé de nous tous jusque dans ses devoirs et dans ses droits, jusque dans l'âme du Père de tous les hommes — d'un tel peuple, on devrait attendre autre chose que ce qui arrive et que l'on voit tous les jours : c'est-à-dire que *dans un état où le roi le plus absolu ne peut pas me prendre la chaumière de mes pères, où je maintiens mon droit contre le ministre le plus puissants le premier Juif venu peut, quand il lui plaît me dépouiller impunément.*

« Vous voyez tout cela et vous ne pouvez pas le nier et vous prononcez les paroles mielleuses de tolérance, de droits de l'homme et de droits du citoyen ? Vous ne voyez donc pas que les Juifs, qui sont — sans vous — citoyens d'un état plus solide et plus puissant que tous les autres, jouiront si vous leur donnez encore le droit de citoyen dans *votre* état, d'une *double* protection et qu'ainsi, ils écraseront entièrement vos concitoyens sous leurs pieds.

« Ils veulent avoir les *droits de l'homme* encore bien qu'ils nous les refusent à nous (on l'a vu dans la loi talmudique) : mais pour leur donner *les droits du citoyen*, je ne vois pas d'autre moyen que celui-ci. Il faudrait en une nuit leur couper la tête à tous et leur en remettre une autre sur les épaules, dans laquelle il n'y aurait pas une seule idée juive.

---

1. — *Tr. Jebam.*, f. 63.

« Pour nous préserver d'eux je ne vois encore qu'un moyen, c'est de leur conquérir leur terre promise et de les y envoyer tous (1). »

Herder écrit dans ses *Idées sur l'histoire de l'humanité* :

« Dans les choses de l'art, la nation juive, quoique établie entre les Égyptiens et les Phéniciens, est toujours restée inexpérimentée, et la preuve, c'est qu'elle a dû se servir d'étrangers pour bâtir le temple de Salomon. Quoique possédant les ports de la mer Rouge et habitant tout près des côtes de la Méditerranée, c'est-à-dire dans la situation la plus favorable pour tenir le commerce du monde entier... ils n'ont jamais pu former un peuple sédentaire... Ils préfèrent vivre parmi les autres nations, trait particulier de leur caractère national contre lequel Moïse combattait déjà de toute sa force. Bref, c'est un peuple dont l'éducation fut manquée, car il ne parvint jamais à la maturité d'une culture politique issue de son propre territoire, jamais non plus par conséquent au vrai sentiment de l'honneur et de la liberté.

« Dans les sciences auxquelles ses meilleurs sujets se sont adonnés, il a toujours fait preuve de certaines facultés d'ordre et d'arrangement plutôt que de la libre activité d'un esprit créateur : quant aux vertus du patriote, son état politique l'en a toujours privé.

« Depuis des siècles et presque depuis sa naissance, le peuple de Dieu est *une plante parasite sur la souche des autres nations, une race de trafiquants rusés, dispersés sur la terre entière et qui n'a jamais eu le désir ni le besoin d'une patrie à elle* (2). »

Herder dit encore :

« Les Juifs sont la plante parasite qui s'est attachée à presque toutes les nations européennes et qui a tiré à elle plus ou moins de leur substance vitale.

« Après la chute de l'ancienne Rome, ils étaient relativement peu nombreux en Europe, mais la persécution des Arabes nous les a renvoyés en foule.

« Il est peu vraisemblable qu'ils aient apporté la lèpre en Europe, *mais ce fut une lèpre encore pire que cette nation* de changeurs,

---

1. — Fichte, *Berichte zur Berichtigung der Urtheile über die franzœsische Revolution.*, p. 186-191. Les Juifs ne se rallieront jamais à la solution de Fichte : la Terre promise est celle où coulent des ruisseaux de lait et de miel, c'est-à-dire où des peuples asservis travaillent pour eux. À ce point de vue, le Juif moderne est vingt fois plus talmudiste que le Juif ancien : il a vu de trop près la domination universelle pour se retirer chez lui et vivre à son compte.

2. — Herder. *Ideen zur Geschichte der Menscheit*, 3, 91.

de trafiquants, de valets des rois et d'ignobles instruments de l'usure (1). »

« Un ministère où le Juif gouverne, une maison où le Juif tient les clefs de la caisse et de la garde-robes, une administration où un commissariat où les principales fonctions sont confiées au Juif, une Université où les Juifs sont tolérés comme courtiers et comme prêteurs d'argent des étudiants, sont à coup sûr autant de marais Pontins à dessécher. Car, suivant le vieux proverbe, où il y a une charogne, les vautours se réunissent et où il y a de la pourriture les vers pullulent (2). »

Ainsi parle Herder. Le philosophe Schopenhauer n'est pas moins sévère dans ses articles *sur le droit et la politique.*

« Le Juif errant, dit-il, n'est pas autre chose que la personnification du peuple juif entier. Parce qu'il a mortellement péché contre le Messie sauveur du monde (3), il ne sera jamais soulagé du fardeau de sa peine et de plus il devra errer sans patrie chez les peuples étrangers.

« Tel est vraiment le crime, telle est la destinée de ce petit peuple juif qui, chose merveilleuse, chassé de sa patrie depuis deux mille ans, subsiste toujours et continue à errer, tandis que tant de peuples grands et glorieux, auprès de qui une pareille peuplade ne mérite même pas d'être nommée, les Assyriens, les Mèdes, les Perses s'en sont allés dans le repos éternel et ont disparu entièrement.

« Tel aujourd'hui encore ce Jean sans Terre se rencontre parmi tous les peuples du monde, nulle part chez lui, nulle part étranger, soutenant sa nationalité avec une tenacité sans exemple, et tâchant de prendre racine quelque part, pour se refaire une patrie, sans laquelle un peuple n'est jamais qu'un ballon en l'air.

« Jusque-là il vit en parasite aux dépens des autres peuples et sur leur sol, mais n'en est pas moins animé du plus vif patriotisme pour sa propre nation, comme le montre clairement le parfait ensemble avec lequel tous tiennent pour chacun et chacun pour tous.

« Par suite, *il n'y a pas d'idée plus superficielle ni plus fausse que de considérer les Juifs simplement comme une secte religieuse.* Quand,

---

1. — *Ibid.,* 4, 38.
2. — Herder. *Ideen zur Geschichte der Menscheit,* 4, 157
3. — Il est vrai que les Juifs s'en défendent et rejettent la faute sur Pilate. Napoléon III, dans sa préface de César, ayant comparé les peuples qui ne comprennent pas leurs grands hommes aux Juifs qui crucifièrent leur Messie, s'attira une verte remontrance de Crémieux (*Opinion Nationale,* 27 février 1865) et put comprendre en la lisant qu'il ne convient pas de froisser l'empereur des Juifs, serait-on empereur des Français.

pour favoriser cette erreur, on emprunte un terme à la langue ecclésiastique et qu'on les désigne sous le nom de *confession religieuse*, ce n'est qu'un stratagème calculé pour fausser la vraie notion des choses, et l'emploi de cette expression ne devrait pas être permis, car c'est la *nation juive* qu'il faudrait dire.

« Quant aux vices propres au caractère national des Juifs, quant à cette absence prodigieuse de tout ce que nous appelons *verecundia*, qui est le plus saillant de tous, et qui leur sert plus dans le monde que les plus belles qualités — on peut les attribuer à l'oppression, cela les excuse, mais ne les supprime pas. »

En ce qui concerne cette *absence totale de ce que nous appelons verecundia*, les Juifs paraissent s'en être eux-mêmes doutés puisque le Talmud lui-même a dit :

« Trois êtres sont effrontés : Israël parmi les peuples, le chien parmi les quadrupèdes, le coq parmi les oiseaux [1]. »

Rapportons enfin le jugement du célèbre philosophe et jurisconsulte Klüber.

« Les Juifs, dit-il, sont une secte politico-religieuse soumise rigoureusement au despotisme théocratique des rabbins.

« Par leur vie commune, par leur manière d'être, par leur formation nationale toute particulière, par leur esprit de famille qui n'est que l'esprit de caste, ils forment de père en fils une société de conjurés héréditaire.

« L'esprit du judaïsme se reconnaît en général à l'orgueil religieux : les Juifs s'imaginent qu'ils sont le peuple élu de Dieu, élevé par lui au-dessus de ceux qui ne sont pas Juifs, dont ils sont physiquement et moralement différents et qui doivent être entièrement exterminés.

« Mais la raison prouve et l'expérience confirme que l'esprit de caste, et plus que tout autre l'esprit de caste politico-religieuse, est incompatible avec le bien de l'État et de la société.

« Or, jusqu'à l'heure présente, le judaïsme constitue au point de vue politique, religieux et physique, un esprit de caste qui n'a pas son pareil dans toute l'Europe chrétienne.

« Cette situation donne lieu a un antagonisme continuel entre le judaïsme et l'État.

« Accorder (il faudrait dire aujourd'hui : *conserver*) à la juiverie telle qu'elle existe devant nos yeux, des droits absolument égaux à ceux

---

1. — *Tr. Beza*, 25, 1.

des autres citoyens qui ne vivent pas comme elle en opposition et en lutte avec l'État ce serait tout simplement changer en un chancre inguérissable, ce fléau, cet antagonisme, qui tourmente et affaiblit sans cesse l'État s'il ne le mène pas à sa ruine.

« C'est pourquoi nous réclamons l'abjuration, l'éloignement et la réprobation libre, sincère et irrévocable du talmudisme [1]. »

Cette sage et énergique conclusion de l'éminent jurisconsulte nous amène a conclure a notre tour.

---

1. — *Uebersicht der diplomatischen Verhandlungen des Wiener Congr.*, 3, 375 et suivantes. Voir également *Deutsches Bundesrecht* du même auteur, 4ᵉ ed., § 516, note 4.

CONCLUSION

RÉSUMÉ. — SOLUTiON

Quoique le nombre des préceptes immoraux et criminels du rabbinisme soit presque incalculable, on peut les grouper facilement sous quelques chefs principaux et présenter en peu de mots la quintessence de l'enseignement talmudique.

De tout ce que nous avons exposé il ressort avec la dernière évidence.

1. Que le Juif n'est aucunement lié par les devoirs de l'amour du prochain et de la justice vis-à-vis de ceux qui ne sont pas juifs ;
2. Bien plus, que le Juif pèche quand il observe les lois de l'amour du prochain, et de la justice à l'égard des non-Juifs, tout au moins dans les cas où il peut impunément faire tort à ceux-ci ;
3. Que c'est pour le Juif un droit et quand il le peut un devoir de nuire de toutes les manières aux non-Juifs et particulièrement aux chrétiens et de les anéantir aussi bien de façon détournée qu'à force ouverte. Le principe à suivre est celui-ci : Leur vie entre tes mains, à plus forte raison donc leur avoir ;
4. Que quand un Juif est juge, il doit donner gain de cause au Juif dans tous ses démêlés avec le non-Juifs ; si la loi ne suffit pas pour y parvenir, il doit recourir à l'intrigue, mais s'y prendre avec assez de circonspection pour n'être jamais découvert, accident qui pourrait compromettre le judaïsme ;
5. Que le Juif ne compte le non-Juif que comme une tête de bétail : qu'en conséquence le serment d'un Juif dans ses démêlés avec le non-Juif ne l'oblige en rien, et que, si le Juif

est forcé de jurer, il a le droit d'anéantir intérieurement son serment par une restriction ou par une phrase qui en dénature le sens, mais qu'ici encore il doit prendre garde de laisser constater le parjure, lequel est défendu quand il est susceptible d'être découvert ;

6. Que le Juif a le droit d'utiliser la non-Juive pour ses plaisirs ; qu'il ne commet pas d'adultère si, étant marié, il viole une non-Juive ou s'il détourne la femme d'un non-Juif, le mariage de ceux-ci étant un accouplement comme celui des animaux ;
7. Que le Juif est de la substance de Dieu, comme un fils est de la substance de son père, qu'il peut en conséquence satisfaire tous ses penchants, toutes ses passions, qu'il lui suffit de s'excuser en objectant la puissance de la *« mauvaise nature »* qui dégage sa responsabilité, et surtout rester fermement Juif, car la fidélité au judaïsme excuse tout, même la conversion extérieure au christianisme ou à l'islamisme ;
8. Que tout Juif, à l'exception des Caraïtes qui habitent pour la plupart en Crimée, peut, quand il le veut, se conformer à ces principes par motif et par devoir religieux ;
9. Que le Juif moderne s'est, à vrai dire, souvent affranchi de certaines observances peu commodes pour lui et *indifférentes pour nous*, car il nous importe peu qu'ils fêtent tel ou tel jour et répudient tel ou tel aliment ;

Mais que sur tous les points essentiels, particulièrement en ce qui regarde la propriété, les moyens de l'acquérir, la condition des personnes non juives, la domination universelle, le Juif réformé marche d'accord avec les orthodoxes talmudisants, qui, du reste, forment l'immense majorité de la nation juive ;

Que le talmudisme n'a jamais été *condamné* par les réformés comme immoral et criminel, mais simplement *déconseillé* comme suranné, comme peu pratique et peu favorable à l'accomplissement des destinées du judaïsme et qu'ainsi, le talmudisme, dans tout ce qu'il a d'essentiellement nuisible et dangereux est aujourd'hui tout aussi vivant que jamais ;

Ces faits établis, la conclusion qui s'impose, c'est qu'il est aussi injuste que dangereux de faire bénéficier du droit commun des hommes soumis à une législation aussi spéciale ;

Si donc il est une réforme juste, indispensable et urgente, c'est la revision des lois anti-nationales qui ont ouvert à ces hommes la porte de notre société :

Qu'on leur laisse les droits de l'homme, comme dit Fichte, encore bien qu'ils nous les dénient, mais qu'on leur refuse les droits du citoyen ;

Qu'on les mette, non pas hors de ce monde, puisque ce n'est pas nous qui les y avons appelés, mais hors de notre nation qui est a nous et pour laquelle ils ne sont pas faits.

Qu'on les bannisse de notre vie politique civile, il est grand temps, et si la mesure ne suffit pas qu'on les bannisse de notre territoire que nous avons reçu de nos pères pour le transmettre à nos descendants et non pas pour le laisser prendre par force ou dérober par ruse, encore moins pour l'offrir niaisement en cadeau aux pirates du genre humain.

TABLE DES MATIÈRES

Préface par Édouard Drumont. 10

INTRODUCTION

Le Juif selon le Talmud : Guerre faite à l'auteur. — Raison de ces attaques : le Juif ne veut pas que le Talmud soit connu. — Preuves et exemples. — Le Talmudisme vit toujours. — Opportunité du présent ouvrage. 17

LIVRE I

DU TALMUD EN GÉNÉRAL

I. *Du talmudisme.* — Orthodoxes et réformés. — Deux sortes de réformés. — Inconséquence des uns et des autres. — Les orthodoxes. — Principe et naissance du talmudisme. 29

II. *Le mot Talmud.* — Développements du Talmud. — Sa composition. — Ruses des rabbins pour cacher leurs enseignements aux chrétiens. — Éditions diverses. 35

III. *Le Talmud est pour les juifs un livre divin.* — Supériorité du Talmud mis par les Juifs au-dessus de la Bible. — Infaillibilité des rabbins. — Tout ce qu'ils disent est parole divine. — L'âne des rabbins. 38

LIVRE II

CORRUPTION DE LA DOCTRINE

I. *Le dieu du Talmud.* — Ce que fait Dieu fait dans le ciel. — Le Léviathan et sa femelle. — Péchés de Dieu, son amer repentir. — Le lion d'Elaï. — Cause des tremblements de terre. — Griefs de la lune. — Autres défauts de Dieu. 45

II. *Les anges.* — Leur origine. — Leur fonctions diverses. — Leur jalousie contre les Juifs. 49

III. *Histoire des diables.* — Origine. — Relations d'Adam avec les démons femelles et d'Ève avec les démons mâles. — Les principaux de la tribut. — Leur rôle, leur séjour sur terre. — Noyers, cornes de bœuf enterrements, etc. — Le Talmud et la magie. 51

IV. *Mystères.* — Création d'Adam et Ève. — Le roi Og ; sa taille et son aventure avec les fourmis. — Comment il mourut et ce qu'Abraham fit de ses os. 55

V. *Âmes de juifs et de chrétiens.* — Origine des âmes. — Différence entre l'âme d'un juif et l'âme d'un autre homme. — Métempsycose ; sa raison d'être. 58

VI. *Paradis et Enfer.* — Le paradis est pour les Juifs. — Ce qu'ils y mangent et boivent. — L'enfer est pour les autres peuples. 60

VII. *Le messie et le règne messianique.* — Ce que les Juifs entendent par ce mot. — Ce que le Messie donnera aux Juifs et ce que deviendront les autres peuples. — Qualification du vrai Messie. 62

LIVRE III

CORRUPTION DE LA MORALE

I. *Du prochain.* — Le prochain du Juif est le Juif seul. — Les autres hommes sont des bêtes ayant la forme humaine. — Des ânes, des chiens, des cochons. — Il faut les détester, mais ne pas le témoigner. — Théorie de *l'hypocrisie permise.* 65

II. *La propriété et la domination universelle.* — Dieu a donné la terre aux Juifs. — D'où découle ce principe qu'ils ont le droit de prendre et de voler. — Application curieuse du principe. 72

III. *La fraude.* — Théorie du procès entre Juifs et non-Juifs. — Ce que veut dire *profaner le nom de Dieu.* — Exemples donnés par les rabbins — Le jour du Sabbat. 76

IV. *Objets trouvés.* — Il est défendu de les rendre. — Raisons de cette défense.. 78

V. *De l'usure.* — Théorie chrétienne du prêt. — Falsification de la loi de la Bible par les rabbins. — Leur mauvaise foi évidente. — Exemple des rabbins. — Hypocrisie de leurs prétextes. — Éducation des enfants juifs touchant l'usure. 80

VI. *Les personnes et la vie des non-juifs.* — Il est permis de tuer ceux qui ne sont pas Juifs. — C'est même un devoir quand on le peut. — Exemple de la fosse et hypocrisie dont il faut user. — Ces règles regardent les chrétiens et tous les autres païens. — Faits historiques relatés par les livres juifs. 85

VII. *De la femme.* — Le Juif peut sans pécher faire violence à toute femme chrétienne. — Le mariage des chrétiens n'est qu'un accouplement de bêtes. — Signification des rêves. —Exemple des rabbins. — Des Juives. 91

VIII.	*Du serment.* — Le serment n'oblige pas le Juif vis-à-vis du chrétien. —Théorie du parjure et de la restriction mentale. — Hypocrisie de la casuistique des rabbins. — Moyens d'éluder l'obligation du serment.	97
IX.	*Les chrétiens.* — Les mots *païens idolâtres, étrangers*, etc., désignent particulièrement les chrétiens. — Hypocrisie du rabbin Zevi à cet égard. — Preuves multiples du vrai sens et de la vraie portée de ces appellations.	104
X.	*L'excommunication.* — Motifs qui le méritent. — Deux degrés. — Formule de la grande excommunication.	112

LIVRE IV

NOTRE SIÈCLE

I.	*Le juif d'aujourd'hui.* — Actualité des enseignements du Talmud : — 1° *Sur la vie.* Massacre de Vilna, assassinat rituel au XIXe siècle. —2° *Sur la propriété.* L'usure. Alsace et autres pays, la question Roumaine. — 3° *Sur les femmes.* Exemple de Vienne. — 4° *Sur la domination universelle.* Par la presse, la Franc-Maçonnerie, la Révolution.	117
II.	*Appréciations des modernes.* — Opinions de Kant — de Fichte — de Herder — de Schopenhauer — de Klüber.	136
III.	*Conclusion.* — Résumé. — Solution.	142

EN VENTE CHEZ LE MÊME ÉDiTEUR

Anonyme – *La huitième croisade.*
Gaston-Armand Amaudruz – *Le peuple russe et la défense de la race blanche.*
　"　　　"　　　" – *Nous autres racistes.*
Adrien Arcand – *Le communisme installé chez nous suivi de la révolte du matérialisme.*
　"　　　" – *Le christianisme a-t-il fait faillite ?*

Herbert Backe – *La fin du libéralisme.*
Itsvan Bakony – *Impérialisme, communisme et judaïsme.*
René Bergeron – *Le corps mystique de l'antéchrist.*
Karl Bergmeister – *Le plan juif de conspiration mondiale.*
Clotilde Bersone – *L'élue du Dragon.*
Jean Bertrand & Claude Wacogne – *La fausse éducation nationale.*
René Binet – *Contribution à une éthique raciste.*
Léon Bloy – *Le salut par les juifs.*
Jean Boyer – *Les pires ennemis de nos peuples.*
Flavien Brenier – *Les juifs et le Talmud.*

Alexis Carrel – *L'homme cet inconnu.*
William Guy Carr – *Des pions sur l'échiquier.*
Lucien Cavro-Demars – *La honte sioniste.*
Pierre-Antoine Cousteau – *L'Amérique juive.*
　"　　"　　" – *Après le déluge.*
Louis-Ferdinand Céline – *Voyage au bout de la nuit.*
　"　　"　　" – *Mort à crédit.*
　"　　"　　" – *Mea Culpa.*
　"　　"　　" – *L'école des cadavres.*
　"　　"　　" – *Les beaux draps.*
　"　　"　　" – *Bagatelles pour un massacre.*
　"　　"　　" – *D'un château l'autre.*
　"　　"　　" – *Nord.*
　"　　"　　" – *Rigodon.*
André Chaumet – *Juifs et américains rois de l'Afrique du nord.*

Savitri Devi – *La Foudre et le Soleil.*

HTTP://WWW.VIVAEUROPA.INFO/LCA/CATEGORY/LIVRES/

Louis Dasté – *Les sociétés secrètes et les juifs.*
   "   " – *Les sociétés secrètes, leurs crimes.*
   "   " – *Marie-Antoinette et le complot maçonnique.*
Léon Daudet – *Deux idoles sanguinaires.*

Frederico de ECHEVERRIA – *L'Espagne en flammes.*

Henri FAUGERAS – *Les juifs peuple de proie.*
Eugène Fayolle – *Est-ce que je deviens antisémite ?*
  " " " – *Le juif cet inconnu.*

Urbain GOHIER – *Le complot de l'Orléanisme et de la franc-maçonnerie.*
Hermann Göring – *L'Allemagne renaît.*
Joseph Goebbels – *Combat pour Berlin.*
Georges Grandjean – *La destruction de Jérusalem.*

Jean HAUPT – *Le procès de la démocratie.*
Philippe Henriot – *Le 6 Février.*
  " " " – *« Ici, Radio-France. »*
Adolf HITLER – *Principes d'action.*

LES JUIFS EN FRANCE – *Intégral.*
Les juifs en France – George Montandon – *Comment reconnaître le juif ?*
  " " " – Fernand Querrioux – *La médecine et les juifs.*
  " " " – Lucien Pemjean – *La presse et les juifs.*
  " " " – Lucien Rebatet – *Les tribus du cinéma et du théâtre.*

Roger LAMBELIN – *« Protocols » des sages de Sion.*
Ernest Larisse – *Jean Lombard & la face cachée de l'histoire moderne.*
Jean Lombard – *La face cachée de l'histoire moderne* – tome I.
Charles Lucieto (Teddy Legrand) – *Les sept têtes du dragon vert.*
Georges de La Fouchardière – *Histoire d'un petit juif.*
Joseph Landowsky – *Symphonie en rouge majeur.*
Henri Louatron – *A la messe noire ou le luciférisme existe.*

Wilhelm MARR – *La victoire du judaïsme sur le germanisme.*
Serge Monast – *Le gouvernement mondial de l'antéchrist.*
Benito Mussolini – *La doctrine du fascisme.*

CLAUDE NANCY – *Les races humaines;* tome I & II.
Serguei Nilus – *Les protocoles des sages de Sion.*

Goré O'THOUMA – *L'esprit juif*

HTTP://WWW.VIVAEUROPA.INFO/LCA/CATEGORY/LIVRES/

Ferdynand Ossendowski – *Bêtes, Hommes et Dieux.*

William Luther PIERCE – *Chasseur.*
William Luther Pierce – *Les carnets de Turner.*
Léon de Poncins – *Les documents Morgenthau.*
Léon de Poncins – *Israël destructeur d'empires.*
Carlos Whitlock Porter – *Non coupable au procès de Nuremberg.*
Ezra Pound – *Le travail et l'usure.*
A. Puig – *La race de vipères et le rameau d'olivier.*

Douglas Reed – *La controverse de Sion.*
Joachim von Ribbentrop – *La lutte de l'Europe pour sa liberté.*
Vladimir Michaïlovitch Roudnieff – *La vérité sur la famille impériale russe et les influences occultes.*
Auguste Rohling – *Le juif-talmudiste.*
Alfred Rosenberg – *L'heure décisive de la lutte entre l'Europe et le bolchevisme.*
Alfred Rosenberg – *Le mythe du XXe siècle.*

Alexandre Saint-YVES D'ALVEYDRE – *La France vraie*; tome I & II.
 "   "   – *La mission des juifs* ; tome I & II.
 "   "   – *La mission des souverains.*
Bernhard Schaub – *L'action européenne.*
Jules Séverin – *Le monopole universitaire.*

Frederik To Gaste – *La vérité sur les meurtres rituels juifs.*
François Trocase – *L'Autriche juive.*
Jérôme et Jean Tharaud – *L'an prochain à Jérusalem.*

Herman de VRIES DE HEEKELINGEN – *Les protocoles des sages de Sion constituent-ils un faux ?*
 "   "   "   – *L'orgueil juif.*
Marie-Léon Vial – *Le juif sectaire ou la tolérance talmudique.*
 "   "   – *Le juif roi.*
Stanislas Volskiï – *La Russie bolchevique.*

Kalixt de WOLSKI – *La Pologne.*
 "   "   " – *La Russie juive.*

YVRI – *Le sionisme et la juiverie internationale.*

Hanna ZAKARIAS – *L'Islam et la critique historique.*
 "   "   " – *Voici le vrai Mohammed et le faux coran.*

HTTP://WWW.VIVAEUROPA.INFO/LCA/CATEGORY/LIVRES/

- the-savoisien.com
- pdfarchive.info
- vivaeuropa.info
- freepdf.info
- aryanalibris.com
- aldebaranvideo.tv
- histoireebook.com
- balderexlibris.com

www.ingramcontent.com/pod-product-compliance
Lightning Source LLC
LaVergne TN
LVHW091553060526
838200LV00036B/811